# Capítulo uno

# ¿Qué es la iglesia?

*Mateo 16:13-19; Efesios 1:19-23; 5:23-32; Colosenses 1:12-20*

## Las palabras y su significado

*Definiciones de la palabra "IGLESIA".* "Una niña se perdió en las calles de una ciudad; y un policía trataba de ayudarla. —Si solo pudiera encontrar la iglesia— decía ella —hallaría mi camino a casa—". Este es el grito de la humanidad que se encuentra perdida en el pecado; y, como la niña, hallaremos el camino a casa si pudiéramos encontrar la iglesia. Pero para encontrarla debemos saber que estamos buscando y dónde buscar. Debemos definir cuidadosamente el significado de "IGLESIA"; y, con mayor razón, también "LA IGLESIA DEL NUEVO TESTAMENTO". La palabra iglesia expresa muchos significados; algunas veces se usa para mencionar un edificio donde se adora, otras para mencionar el servicio mismo; otras para distinguir una congregación, y hasta para distinguir una denominación; y también para referirse al cuerpo de creyentes.

*Su uso en la Biblia.* La palabra "IGLESIA" es usada en la Biblia para traducir la palabra griega "EKKLESIA"; la cual significa literalmente "llamados fuera". Para los griegos esta palabra era indicio de una asamblea de ciudadanos en una sociedad libre y demócrata que eran llamados fuera por el heraldo para tratar asuntos públicos. Los hebreos usaron también una palabra que se traduce "IGLESIA" en Hechos 7:38. Tal palabra aparece muy seguido en el Antiguo Testamento, la cual es traducida comúnmente "CONGREGACION". Para los judíos una iglesia era la congregaci6n de la comunidad de Israel. No era un cuerpo que se gobernaba solo, sino una asamblea teocrática, o sea controlada por Dios. Si ponemos estas dos ideas juntas tendremos una mejor idea de lo que fue y debe ser la

La RED es un servicio voluntario para promover la obra literaria. Su propósito es apoyar y ayudar todo esfuerzo relacionado con la producción de literatura bíblica y cristiana.

La RED se compromete a servir la comunidad publicadora utilizando la riqueza de la diversidad cultural e intelectual de sus recursos humanos y técnicos, sin embargo, respetando la autonomía de cada entidad para la unidad de la iglesia.

**Redacción * Edición * Distribución**

La RED es un servicio disponible a quien quiera utilizar los recursos humanos cooperativos para la revisión y mejoramiento de los trabajos impresos y así mantener una fidelidad al lenguaje.

Este logotipo (sello) es el símbolo representativo de la calidad en ortografía y el uso de un lenguaje común con el propósito de que el mensaje bíblico y las aplicaciones cristianas se comprendan por la gran mayoría de hispanohablantes.

Publicado originalmente bajo el título: *The New Testament Church* 1986
Derechos reservados College Press Publishing Company, Joplin, Missouri

**La iglesia del Nuevo Testamento** por Robert C. Shannon

Primera impresión 1994 con la colaboración de Spanish American Evangelistic Ministries (SAEM), El Paso, Texas Segunda impresión 2013

Derechos reservados © 1994 Literatura
Alcanzando a Todo el Mundo (LATM)
P.O. Box 645
Joplin, Missouri 64802-0645 E. U. A.
www.latm.info

**Diseño de la tapa:** Brett Lyerla

ISBN: 978-1-930992-53-5

# Prólogo

El antiguo adagio griego "*Conócete a ti mismo*" es un buen consejo tanto para individuos como para instituciones. ¡La iglesia necesita conocerse a sí misma! Siendo que la iglesia está enfrentándose a grandes problemas y responsabilidades; veremos, entonces que este estudio será muy valioso, pues analizaremos su naturaleza, misión y destino. R. Newton Flew dijo: "Hay una creciente convicción de que los cristianos necesitan una visión nueva de la iglesia de Cristo, tal como Dios la planeó y la creó; la cual es instrumento que cumple su propósito: es el cuerpo reconciliador en el cual toda la humanidad pueda congregarse en una adoración y servicio que se extienda a todos los confines de la vida humana".

El estudio de la vida de Cristo es vital; pero incompleto si no estudiamos la iglesia que construyó como extensión de su vida en los tiempos modernos. Así que, ¿Cómo podemos entender el significado de la vida de Cristo si permanecemos ignorantes en cuanto al cuerpo de Cristo? Cuando Cristo estuvo en la Tierra obró grandes maravillas a través de su cuerpo humano. Cristo sigue obrando hoy, y lo hace por medio de un cuerpo espiritual, místico; al mismo tiempo visible e invisible; y con todo, un cuerpo real, el cual es la iglesia. Y por medio de ella Cristo quiere alcanzar a todo el mundo y salvar a nuestra generación.

Este curso intenta presentar brevemente la naturaleza y el ministerio de la iglesia, tal como se halla en el Nuevo Testamento. El autor reconoce que está en deuda con muchos que han escrito sobre este tema; de los cuales el primero es C. J. Sharp, cuyo libro titulado "La iglesia del Nuevo Testamento" precedió a este volumen. De gran valor han sido los libros "La naturaleza y misión de la iglesia" de Donald G. Miller; "Jesús y su iglesia" de R. Newton Flew, y "La iglesia y los sacramentos" de P. T. Forsyth. Aunque algunas veces no he estado de acuerdo con estos grandes hombres, sus libros me han estimulado mucho y me han sido muy útiles. Me fascinó la lectura del libro "La enseñanza de la iglesia en cuanto al bautismo" de Karl Barth.

Sin embargo, la principal fuente fue el Nuevo Testamento. Una lista de citas bíblicas es proporcionada al principio de cada capítulo;

recomiendo que se estudien antes de empezarlo. Y durante la lectura del capítulo el estudiante puede regresar a las referencias; las cuales puede comparar con un par de versiones de la Biblia. Las preguntas al final de cada capítulo ayudaran al estudiante a sentirse satisfecho de haber aprendido bien. Los estudiantes más dedicados querrán obtener algunos de los libros aquí mencionados. En los siguientes se podrá hallar ayuda adicional: "Costumbres de la iglesia" (Church Polity) de W. L. Hayden, Old Path Book Club; "La Iglesia de Cristo" de W. T. Phillips, Standard Publishing; "Esquema de la redención" de Robert Milligan, Christian Board of Publication; "Manual de dinámica cristiana" de F. J. Winder; "Iglesias de hoy" de L. G. Tomlinson, Gospel Advocate Company, y "La iglesia de la Biblia" de Don DeWelt, Ozark Bible College.

El propósito de este libro es que sea usado como libro de texto en templos; donde tal vez el maestro pueda asignar unos de los libros antes mencionados, para que sus alumnos comenten en clase algo de ellos. Los mismo puede hacerse con los pasajes del Nuevo Testamento distribuyéndolos por grupos. Así cada miembro de la clase podrá ser una fuente de información para los demás, capaz de enriquecer el estudio al usar su propia experiencia en él. Dependiendo del uso que se dé a este libro, no se debe olvidar que lo dicho en él no es la última palabra en cuanto al tema tratado. Solo un libro puede reclamar para sí este privilegio; y ese es el Nuevo Testamento. Lo que hemos hecho es recopilar las enseñanzas bíblicas al respecto en un libro, ofrecer algunas definiciones de los términos empleados y compartir pensamientos de otros que han estudiado el tema duro y profundo. Si no sirve para otra cosa, al menos este libro tendrá la satisfacción de revelar el maravilloso significado de la iglesia, a la cual Cristo amó tanto que dio su vida por ella.

# Contenido

"IGLESIA": una comunidad de hombres y mujeres libres bajo Cristo, siguiendo Sus órdenes, cuando las hay; y autogobernándose, cuando no las hay. Como Lindsay lo describe "Una democracia teocrática". Podemos decir entonces, que la palabra "IGLESIA", como es usada en este estudio y en el Nuevo Testamento, se refiere a la gente que Dios ha llamado fuera del mundo a una sociedad dedicada a su servicio.

**El uso que Jesús le dio a la Palabra.** Resulta interesante notar que Jesús usó la palabra "IGLESIA" solo en dos ocasiones. Esto no significa que no tuviera mucho que decir de la iglesia; sino que usó un término más amplio para describirla: la palabra "REINO". Entonces, podemos decir con seguridad que Jesús usó las palabras "IGLESIA" y "REINO" como sinónimos. La mejor ilustración de ello se halla en Mateo 16:18, 19, donde las dos palabras vienen juntas, obviamente con la intención de describir lo mismo. El que Cristo usara más la palabra "REINO" que "IGLESIA" es natural; pues todo su ministerio fue entre los judíos, para quienes todas sus esperanzas mesiánicas estaban basadas en la idea de un "REINO". Cuando Cristo hablaba del "REINO", ellos inmediatamente sabían que se refería a la sociedad prometida por Dios, descrita por los profetas.

De igual manera, es apropiado el uso que los apóstoles dieron a la palabra "iglesia". Para el tiempo en que se escribieron las epístolas y Hechos, la iglesia ya había alcanzado al mundo no judío. Para los gentiles el término "REINO" no significaba lo mismo que para los judíos; sin embargo, "IGLESIA" les significaba mucho más. De aquí que la palabra "REINO" aparece muy raramente en Hechos y en las epístolas.

**La iglesia ideal.** Estudiaremos lo que Pablo dice en cuanto a la iglesia perfecta. Tengamos presente que las epístolas fueron escritas para corregir las faltas de la iglesia del primer siglo; pueden, por lo 1anto, corregir las faltas de la iglesia de cualquier tiempo. La única iglesia perfecta está en la mente de Dios. Las epístolas fueron escritas para acercar a la iglesia al concepto ideal que Dios tiene de ella en la Biblia; y debe ser el ideal de todo cristiano sincero, luchar para que la iglesia de hoy sea la iglesia que Dios quiere. Nunca ha habido una iglesia perfecta, y dudo que en la actualidad haya una exactamente como Dios quiere que sea. Pero, de la manera que los cristianos del primer siglo usaron las epístolas para intentar ser la iglesia ideal, así debemos hacerlo nosotros.

***Objeción común.*** Trataremos de explicar la objeción común que se levanta cuando alguien de nosotros dice: "queremos ser una iglesia del Nuevo Testamento"; pues enseguida preguntan: ¿cuál de las iglesias del Nuevo Testamento quiere ser? ¿La de Corinto, donde se emborrachaban en la Cena del Señor? ¿La de Galacia, que quería seguir en la ley de Moisés? ¿La de Éfeso con sus falsos maestros? Contestamos que nadie quiere una iglesia como esas. Dios tuvo y tiene aún un plan de cómo debe ser su iglesia. Este plan perfecto esta revelado en el Nuevo Testamento. Esta iglesia, la iglesia ideal de Dios, es el objeto de nuestro estudio, y esperamos imitarla.

***Tres significados.*** Cuando se usa la palabra "IGLESIA" en el Nuevo Testamento, lo hace teniendo en cuenta, cuando menos, tres sentidos. A veces se refiere a una congregación en una ciudad o comunidad. Ejemplos de ello: 1 Corintios 16:19; Colosenses 4:15; Filemón 2. En otros lugares se refiere al sentido universal; como se ve en 1 Corintios 10:32; 12:28. Al tercer uso lo llamaremos "el sentido ideal"; este es el de la iglesia que existe en la mente de Dios. La iglesia como Dios quiere que sea; y que al final será cuando los reinos de este mundo se conviertan en el reino de Dios y de Cristo. ¿Cuál de estas iglesias estudiaremos? Las tres. Estudiaremos las congregaciones locales para saber lo que hicieron y cómo estaban constituidas. Estudiaremos lo que Cristo y Pablo dicen de la iglesia universal. Estudiaremos también la iglesia ideal para que sea nuestro ejemplo para seguir.

***El uso del Antiguo Testamento.*** Para algunos, la frase "iglesia del Nuevo Testamento" implica ignorar el Antiguo Testamento. Tal idea está totalmente fuera de lugar. Ningún hombre esperara entender la doctrina bíblica de la iglesia sin estudiar el Antiguo Testamento; pues en el encontrara la base y la explicación del Nuevo. Pero el Nuevo Testamento es el que nos habla de la fundación de la iglesia, su historia inicial, nos señala sus errores y sus virtudes. Únicamente el estudio del Nuevo Testamento con constantes referencias del Antiguo nos puede ayudar a entender la naturaleza y misión de la iglesia.

***El uso del concepto "Iglesia del Nuevo Testamento".*** El término "Iglesia del Nuevo Testamento" adquirió importancia en nuestro vocabulario cuando los hombres empezaron a notar abrumadoras diferencias entre las varias denominaciones y la iglesia que el Señor quería que fuera. El término fue usado y sigue siendo usado para hacer distinción entre los que están luchando por retornar al patrón divino y los que se conforman a las tradiciones establecidas. Esas tradiciones humanas se cuelan tan fácilmente en nuestra vida que nos es difícil notar su presencia. Muchas veces los hombres investigan en la Biblia, no para buscar la verdad sino para localizar pruebas de que lo que hacen está bien y, al mismo tiempo, ya han decidido creer. Tal forma de estudiar la Biblia conduce continuamente a un montón de falsos conceptos y malas aplicaciones de la Escritura. El decir que somos "La iglesia del Nuevo Testamento" implica que poseemos el correcto entendimiento de la voluntad de Dios y que la estamos cumpliendo fiel y exactamente. Y ya que ninguna congregación quiere aparentar ser arrogante, muchos han decidido decir "Estamos luchando por ser la iglesia del Nuevo Testamento".

## La iglesia que Jesús estableció

*Un regalo de Dios.* Cuando Jesús dijo "Edificaré mi iglesia" (Mateo 16:18), se estaba refiriendo a un reino o sociedad que él quería fundar. No intentaba hacer algo que los hombres pudieran hacer por sus propios esfuerzos o crear con su ingenio. La iglesia era el reino de Dios, y el derecho para pertenecer a él, es un regalo del Señor. Aunque en muchos pasajes del Nuevo Testamento la palabra "REINO" se refiere al reino eterno (el cielo); en otros se refiere a la iglesia (véase Mateo 3:2; 13:24-52; Colosenses 1:13; 2 Timoteo 4:18; 2 Pedro 1:10, 11).

*Nombres para la iglesia.* El Nuevo Testamento da muchos nombres a esta iglesia. En Hechos 20:28; 1 Corintios 1:2; 11:22; 15:9; 2 Corintios 1:1; 1 Tesalonicenses 2:14 y en 1 Timoteo recibe el nombre de "IGLESIA DE DIOS". En 1 Timoteo 3:15 es llamada "LA IGLESIA DEL DIOS VIVIENTE". En Romanos 16:16 es mencionada "LAS IGLESIAS DE CRISTO". En 1 Corintios 14:33 la encontramos como "LA IGLESIA DE LOS SANTOS". Pablo menciona también "IGLESIAS DE GALACIA" e "IGLESIAS DE LOS GENTILES"; pero el termino más usado es "IGLESIA" o "IGLESIAS". Hay un total de 93 veces mencionada la palabra "IGLESIA" en conexión con su nombre.

# La iglesia, el cuerpo de Cristo

*Un cuerpo vivo.* Hemos visto que cuando Cristo prometió edificar su iglesia, pensó en una organización de hombres y mujeres; pero la palabra organización no le hace justicia a la iglesia; pues es mucho más que eso: es un organismo, un cuerpo vivo; no es un cuerpo cualquiera, es el cuerpo de Cristo; y él es su cabeza: "Y sometió todas las cosas bajo sus pies y lo dio por cabeza sobre todas las cosas a la iglesia, la cual es su cuerpo, la plenitud de aquel que todo lo llena en todo" (Efesios 1:22, 23). "Porque el marido es cabeza de la mujer, así como Cristo es cabeza de la iglesia, la cual es su cuerpo, y él es su salvador" (Efesios 5:23). "Sino que, siguiendo la verdad en amor, crezcamos en todo en aquel que es la cabeza, esto es Cristo" (Efesios 4:15). "Y él es la cabeza del cuerpo que es la iglesia, el que es el principio, el primogénito de entre los muertos, para que en todo tenga la preeminencia . . . Ahora me gozo en lo que padezco por vosotros, y cumplo en mi carne lo que falta de las aflicciones de Cristo por su cuerpo, que es la iglesia" (Colosenses 1:18, 24).

*Un Cristo vivo.* Si Cristo no se hubiera levantado de entre los muertos, si no estuviera vivo hoy, sería necesario que la iglesia se buscara una cabeza terrenal; pero, viviendo Cristo, ningún hombre tiene el derecho de ocupar su lugar como la cabeza de su cuerpo, que es la iglesia. Y mientras Cristo viva, la iglesia no necesita cabeza humana; pues si el centro de mando radica donde está la cabeza, no hay lugar en toda la Tierra que sea considerado cuartel general desde donde Cristo gobierne y dirija su cuerpo.

¡Qué tragedia cuando el cuerpo de un hombre no obedece a su cabeza! En tal situación no hay actividad coherente. ¡Peor es la tragedia, miles de veces repetida en la historia de la iglesia, en la que el cuerpo de Cristo se ha rehusado a obedecer a su cabeza! La autoridad de Cristo no debe ser usurpada nunca por ningún hombre o grupo de ellos. Cristo es tan capaz de dirigir su reino como lo ha sido siempre. El nunca delegó su autoridad como cabeza de la iglesia a ningún hombre.

*Un Cristo amoroso.* Cuando vamos más allá en nuestra idea de la iglesia como cuerpo, tenemos una hermosa concepción del cuidado y preocupación que Cristo tiene por nosotros. Sabemos que cuando una parte del cuerpo sufre dolor, el mensaje se transmite inmediatamente a la cabeza, y esta comparte el sufrimiento. La cabeza es la que instruye a otras partes del cuerpo para que ayuden a la parte afectada. Si es una infección, el corazón bombea más aprisa para mantener suficiente la cantidad de sangre, el pequeño ejército que lucha contra las bacterias es enviado al lugar de los hechos; y el cuerpo en conjunto entra en acción para prevenir la infección. Si hay una herida que necesita sanar ocurre un proceso similar. ¡Qué confortable es saber que cuando la iglesia sufre por las enfermedades o heridas, Cristo también sufre! Pero, él enseguida mueve fuerzas espirituales para curar la enfermedad y sanar la herida. En un mundo solitario y cada vez más agresivo, es una gran satisfacción ser parte de una institución cuya cabeza sabia puede participar de cada situación y proveer el remedio inmediatamente.

Cuando el cuerpo humano se desprende de la cabeza, la muerte es inminente e inmediata. Para conservarse vivo, el cuerpo debe mantenerse unido a la cabeza. Por esto es que la oración y la lectura diaria de la Palabra son tan esenciales; pues por medio de ellas nos mantenemos en contacto con el centro de mando de la iglesia, y recibimos instrucciones del Cristo vivo y, además, poder.

*Un cuerpo unido.* Referente a esto, es bueno recordar lo que Pablo dice en Efesios 4:4 "Un cuerpo". ¿Cómo podemos concordar esto con los cientos de cuerpos-iglesias que hay en el mundo; y cada uno llamándonos a su reunión? Hay quienes piensan que esto es aceptable, que a Dios no le importa la división del cristianismo; que es bueno. De seguro que esta idea no está de acuerdo con la Biblia; pues hay que leer la condenación que hace Pablo de las divisiones existentes en Corinto en 1 Corintios 1:11-13; y nos daremos cuenta de lo serio de la situación. ¿Cuál es la respuesta a este problema? ¿Es posible la unidad cristiana? ¿Pueden todos los creyentes en Cristo ser congregados en un solo cuerpo? ¿Cuáles son las bases para alcanzar esta unidad?

Las respuestas a estas preguntas deben ser buscadas y encontradas en el Nuevo Testamento. Recordemos el tiempo cuando la iglesia estaba unida, cuando era un solo cuerpo, y propongámonos tener una iglesia en nuestro tiempo que luche por ser la iglesia ideal de Dios. Solo entonces podremos hacer un llamado a la humanidad para que deseche las doctrinas y prácticas que han aparecido sobre la Tierra desde que el Nuevo Testamento fue escrito; y, con la Biblia como base, los cristianos podrán estar unidos en todo. De tal manera, las gentes confundidas por el denominacionalismo podrán recibir la oportunidad de ser

"SOLAMENTE CRISTIANOS". Hay muchos que se preguntan: ¿a cuál iglesia me uniré? La respuesta correcta debe ser: "Busque y encuentre el grupo religioso que se parezca más a la iglesia descrita en la Biblia, y únase a él".

## La iglesia — esposa de Cristo

*Obediente a su Señor.* El apóstol Pablo escribió en Efesios 5:22-24 "Las casadas estén sujetas a sus propios maridos, como al Señor; porque el marido es cabeza de la mujer, así como Cristo es la cabeza de la iglesia, la cual es su cuerpo, y él es su salvador. Así que, como la iglesia está sujeta a Cristo, así también las casadas lo estén a sus maridos en todo". En el tiempo de Pablo el marido era la cabeza indiscutible del hogar, y la esposa nunca se oponía a sus decisiones. Pablo dice esto para ilustrar la relación que debe tener la iglesia con Cristo. Cristo es la cabeza del hogar espiritual; y la iglesia no tiene el derecho de oponerse a sus decisiones. Si él ha indicado que la iglesia siga cierto patrón de organización, adoración, servicio, la iglesia está obligada a obedecerle. Rehusarse a obedecer es quitarle autoridad y ponernos nosotros como autoridad; y hasta el momento, ningún ser humano es suficientemente sabio para dirigir el reino de Dios. Ningún hombre o grupo de ellos tiene ni la habilidad ni el derecho para hacerlo.

*Esperando su venida.* Apocalipsis 19:6-9 dice "Y oí como la voz de una gran multitud, como el estruendo de muchas aguas, y como la voz de grandes truenos, que decía: ¡Aleluya, porque el Señor nuestro Dios Todopoderoso reina! Gocémonos y alegrémonos y démosle gloria; porque han llegado las bodas del Cordero, y su esposa se ha preparado. Y a ella se le ha concedido que se vista de lino fino, limpio y resplandeciente; porque el lino fino es las acciones justas de los santos". Y Apocalipsis 21:9 añade "Ven acá, yo te mostrare la desposada, la esposa del Cordero". Estos versículos nos indican que el matrimonio es algo que va a suceder apenas; la iglesia es la prometida de Cristo y está esperando la fiesta de bodas, la cual marcara el inicio de su eterna unión con él.

¡Qué hermosa ilustración esta! En nuestra sociedad, el compromiso matrimonial no tiene fuerza legal y puede ser roto en el momento que se desee; pero no era así en los tiempos bíblicos. Recordemos que José estaba comprometido con María cuando el Espíritu Santo la visito; y su primer pensamiento fue abandonarla secretamente o darle el divorcio (Mateo 1:18-21). Sólo con el divorcio podía romperse un compromiso matrimonial. La iglesia tiene un compromiso con Cristo, aun cuando la boda será hasta cuando regrese el Señor. La iglesia es pertenencia de Cristo, y esta debe serle fiel.

# Preguntas

1. ¿Cuáles son algunas formas de la palabra iglesia que son usadas hoy día? _____

   _____

2. ¿Qué significa la palabra griega traducida "iglesia" en el Nuevo Testamento? _____

3. Compare las ideas griega y judía de una asamblea. _____

   _____

4. ¿Qué sinónimo de la palabra "iglesia" usó Jesús? _____

   _____

5. ¿Cuáles son los tres significados de la palabra "iglesia" que nos da el Nuevo Testamento? _____

   _____

6. ¿Dé algunos nombres con los cuales es denominada la iglesia en el Nuevo Testamento? _____

   _____

7. ¿Qué lecciones sacamos de la "iglesia" como el cuerpo de Cristo?

   _____

8. ¿Qué lecciones sacamos de la "iglesia" como la esposa de Cristo?

   _____

9. ¿Era la "iglesia" del principio del Nuevo Testamento una iglesia perfecta? _____

10. ¿Cómo podemos encontrar la iglesia ideal de Dios? _____

   _____

# Capítulo dos

# Palabras que describen la iglesia

*1 Pedro 2; Romanos 11; Efesios*

En su intento por expresar la compleja naturaleza de la "iglesia", el Nuevo Testamento usa muchas palabras descriptivas; las cuales sugieren varios aspectos de la vida y naturaleza de esta. Podemos entenderlo mejor cuando sabemos que es como una familia, un reino, o una esposa. Al considerar estos pasajes debemos, sin embargo, recordar que la iglesia no es exactamente una familia o un reino. Sólo en ciertos aspectos se aplica el parecido. La iglesia no es como la mejor familia que conozcamos, ni como algún reino famoso, de cuya historia tengamos conocimiento, ni como la mejor esposa. Quizá si ponemos juntas algunas de estas descripciones podamos tener un panorama más completo de lo que es realmente la "iglesia".

## Descripciones tomadas de la vida familiar

*La familia de Dios.* Pocas relaciones son tan queridas por el hombre como la relación con su familia. ¡Cuánta paz y seguridad; cuánto amor y gozo se asocian con el hogar! Efesios 2:19 nos muestra elocuentemente cómo Dios ha reunido al huérfano y al desamparado, sin nada en común, y ha hecho de ellos una familia "Así que ya no sois extranjeros ni advenedizos, sino conciudadanos de los santos y miembros de la familia de Dios". ¡Qué hermosa expresión esta! Que participa de nuestras bellas y agradables memorias, y le agrega la descripción de un hogar sin pecado ni tristeza; un hogar eterno, lleno de amor inefable y felicidad sin fin. ¡Y es nuestro ya, es la iglesia!

16

*La esposa de Cristo.* Ya hemos visto cuan poderosa figura retórica es esta; solo falta añadirle el amplio paralelismo que existe entre iglesia y esposa. La vestimenta de la novia sugiere pureza. Su ceremonia matrimonial demanda lealtad de por vida. La novia es objeto de honor y gloria; y así debe ser con la iglesia. Siendo la esposa de Cristo, la iglesia merece respeto y reverencia, y no ser degradada. Pablo dice que este es un gran misterio, nadie puede explicar cómo dos personas pueden ser una sola carne en el matrimonio; y nadie puede entender completamente la intrincada e íntima relación que hay entre Cristo y su prometida, la iglesia.

*Una hermandad.* En su sentido original la palabra "hermandad" hacía referencia a los que eran verdaderamente hermanos. Ahora se usa más bien para expresar un sentido fraternal más que filial. En nuestro tiempo hay muchas hermandades; algunas sociales, otras económicas; desde fraternidades estudiantiles hasta logias y sindicatos. Cada hermandad une a sus miembros que tienen intereses comunes. La hermandad cristiana posee un lazo más fuerte; en esta hermandad estamos unidos bajo un mismo Padre para todos. Nuestra hermandad se parece a otras, en que llama y atrae a hombres y mujeres de distintas direcciones y los une en un propósito común. Esta es la idea original de hermandad, porque está basada en el hecho de que cada uno de nosotros ha sido adoptado en la familia de Dios. Cristo tiene su lugar dentro de esta relación como el hermano mayor (Mateo 15:20).

## Descripción de la vida política

*La iglesia como un reino.* La primera necesidad de un reino es tener un rey. Este término puede sugerir el mando absoluto de un dictador; pues se ha dicho que un gobierno dictatorial es la forma más eficiente de gobierno. Desafortunadamente puede ser o muy bueno o malo, dependiendo del carácter y la inteligencia del dictador. El que manda en la iglesia es de un carácter incomparable y de indiscutible sabiduría.

Otra cosa esencial de un reino es el territorio. Debe haber un territorio para gobernar. Como dice un himno: "El mundo ahora está en el puño de un usurpador que ha tratado de suplantar al verdadero Soberano del mundo". El usurpador es Satanás, a quien la Biblia caracteriza como el príncipe de este mundo. Es necesario que exista una ofensiva de parte de todos nosotros para que los reinos de este mundo se conviertan en el reino de nuestro Dios y de su Cristo, y pueda reinar para siempre (Apocalipsis 11:15).

Los reinos se caracterizan por sus leyes. ¿De qué otra manera pueden los súbditos saber lo que se espera de ellos? ¿Cómo se puede medir la lealtad de uno hacia su rey? Debemos notar que, aunque hay muchas reglas de conducta en la iglesia, las cuales deben ser obedecidas, nuestra salvación no descansa en la ley sino en la gracia. Tal distinción es difícil de notar, y muchas veces se ha entendido mal.

**Nación santa.** En un pasaje excelente el apóstol Pedro nos dice que los cristianos somos ciudadanos y súbditos (1 Pedro 2:9). De todas las naciones vienen personas para ser añadidas a esta nueva nación espiritual. A diferencia de Israel, esta es una nación santa, su código de leyes es de lo más perfecto que nos podamos imaginar; sus bendiciones son también sin comparación. Existe una gran libertad dentro de la ley, porque donde no hay ley no puede haber libertad duradera. La ley es el guardián de la libertad. Políticamente hablando, la ley mantiene libres a los hombres, protegiéndolos de ellos mismos. Las leyes de Dios son para la protección y seguridad de sus hijos. Ellas reflejan el amor de Dios y su infinita sabiduría.

**La iglesia como una comunidad.** Tendemos a pensar en la palabra "comunidad" geográficamente; pero tiene un significado mucho más amplio. El diccionario la define "un grupo de gente que tiene una organización e intereses comunes" o "carácter común o igual". Por lo tanto, hay comunidades económicas, comunidades políticas y comunidades religiosas. En el principio de la iglesia había un profundo sentido de comunidad, el cual se manifiesta en la vida comunitaria de Hechos 2. Ya sea que la vida comunitaria sea practicada o no, la iglesia debe conservar el sentido de comunidad, que por naturaleza es suyo. El sentido de comunidad no reconoce límites geográficos, y uno puede fraternizar con algunos cuyas caras nunca haya visto, o de quienes poca información tenga. Tul es la fraternidad de la iglesia. Como dijo Dwight E. Stevenson "¿Dónde está ese sentido de comunidad que acompañe al corazón solitario?" En la respuesta encontramos la razón para la existencia de la iglesia. La necesidad de comunidad es más profunda y urgente que la necesidad de amistad humana; que se eleva al cielo y exclama ¡PADRE!

## Figuras descriptivas en el Antiguo Testamento

*Real sacerdocio.* Por siglos los hebreos habían visto a los sacerdotes con mucho respeto y los honraban como intercesores entre su nación y Dios. Esto no quiere decir que un judío no podía ir directa- mente a Dios en oración; pero, cuando existía pecado o juicio, el sacer- dote era el intermediario entre el pecador y el Dios perdonador. Con esta herencia de su pasado, es fácil ver porqué Pedro estaba tan impresionado con el sacerdocio de todos los creyentes. No consideró poca cosa decir en 1 Pedro 2:9 que los cristianos constituyen "un real sacerdocio". Lo menciona también en 1 Pedro 2:5. Juan declara que Dios nos hizo sacerdotes (Apocalipsis 1:6: 5:10; 20:6. Es interesante especular si somos sacerdotes de Dios sólo en lo individual; o sólo en grupo como iglesia, o en ambos. Pero, sea como fuere, existe el concepto de que la iglesia ocupa el lugar para ministrar a Dios en adoración y sacrificio; algo que hacían solamente los sacerdotes escogidos.

*Pueblo de Dios.* En el mismo pasaje, donde el apóstol Pedro compara la iglesia con el sacerdocio, hace eco de Oseas, y llama a la iglesia "Pueblo adquirido por Dios". La hija de Oseas fue llamada, por orden de Dios, Lo-ruhama, que significa "no tendré misericordia". Y el hijo de Oseas es llamado Lo-ammi, que significa "Pueblo no mío". Después Dios dice a Oseas que cambie los nombres de sus hijos, los cuales quedan así: Ruhama "Tendré misericordia" y Ammi "Pueblo mío". Con esta historia como fondo es que Pedro escribe: "Vosotros que en otro tiempo no erais pueblo, pero ahora sois pueblo de Dios; que en otro tiempo no habíais alcanzado misericordia, pero ahora habéis alcanzado misericordia".

*Asamblea de Dios.* La frase "pueblo de Dios" es interesante cuando la comparamos con la palabra "iglesia". ¿Por qué se escogió la palabra "iglesia" para traducir "Ekklesia"? ¿NO hubiera sido mejor las palabras "asamblea", "congregación" o "comunidad"? Estas palabras no llenan el significado exacto; porque hay muchas asambleas, muchas comunidades y muchas congregaciones.

¿Es la iglesia sólo otra asamblea u otra junta más para algún buen propósito? Muchos creen que la palabra 'iglesia" viene de una palabra que significa "lo que pertenece al Señor". Cuando consideramos que la iglesia es el pueblo de Dios, la esposa de Cristo, el cuerpo de Cristo, la asamblea de Dios, la familia de Dios y el reino de Dios, la palabra "ekklesia" resulta más expresiva en su traducción. Lo que distingue a la palabra "iglesia" es que va unida a Dios; está formada por gente que Dios ha llamado fuera. A pesar de su ambigüedad la palabra "iglesia" es cien por ciento religiosa, atada inseparablemente a Dios, y es el equivalente más apropiado para "EKKLESIA".

*El Israel de Dios.* En Gálatas 6:16 Pablo se refiere a la iglesia como el "Israel de Dios". Posiblemente tenía la misma idea al escribir 1 Corintios 10:18, donde distingue a la nación hebrea como el "Israel según la carne". Pablo ve en la iglesia la continuación espiritual del pueblo escogido por Dios desde el llamamiento de Abraham y la liberación efectuada por Moisés, pasando por los días aciagos de las guerras de los jueces, la edad de oro de David y Salomón y continuando por los largos años de opresión y servidumbre. Ve a Dios trabajando para crear a la iglesia. No es sólo herencia hebrea, lo es también cristiana. El Israel espiritual está formado por todos los que han oído el llamado de Dios con fe, tal como lo hizo Abraham. De la manera que Dios llamó al patriarca fuera de Ur y de Harán; y de la forma que llamó a Moisés fuera de Madián, y a Israel fuera de Egipto, así hoy la iglesia está compuesta de "los llamados fuera".

*La simiente de Abraham.* Debido a esto es que Pablo ve a los cristianos como descendientes de Abraham; no necesariamente que lo sean por descendencia física, sino espiritual, porque viven por fe en Dios. En Romanos 9 Pablo habla de este tema. Y en Gálatas 3:7 habla otra vez de ello: "Sabed, por tanto, que los que son de fe, estos son hijos de Abraham". Juan el Bautista reconvino a los judíos: "Y no penséis dentro de vosotros mismos: A Abraham tenemos por padre; porque yo os digo que Dios puede levantar hijos de Abraham aun de estas piedras" (Mateo 3:9). Mientras que los eventos del Antiguo Testamento pueden tomarse como preparación para la venida de Cristo y su iglesia; esta, en cierto sentido, se convierte en la eterna continuación de algo que comenzó con los patriarcas hace mucho tiempo.

# Otras descripciones

*El cuerpo de Cristo.* Una de las figuras favoritas de Pablo al referirse a la iglesia es "el cuerpo". Nos preguntamos ¿Será esta una buena ilustración? Si pensamos en nuestro cuerpo agobiado por las enfermedades, sujeto a injurias, destinado a envejecer y morir, podríamos decir que hay pocos paralelos. Pero la iglesia no es la ilustración de nuestro cuerpo, sino del cuerpo de Cristo; y este es indestructible, pues venció a la tumba. Y así como triunfó sobre la muerte, la iglesia triunfará sobre el pecado y sobre Satanás. La iglesia está destinada a soportar; y sufrirá por un tiempo, tal como Cristo sufrió en su cuerpo físico, pero no podrá ser destruida. Los hombres pueden pensar que han enterrado a la iglesia en los anales de la historia; pero tan seguro como que Cristo regresó de la tumba, también resucitará a su iglesia para siempre. La iglesia es un cuerpo que la muerte no puede destruir.

*Un hombre maduro.* En Efesios 4 el apóstol Pablo declara que el objeto del servicio cristiano es que la iglesia y sus miembros sean guiados por la madurez espiritual. Cristo quiere que seamos niños en la malicia, pero no en la necedad. Pablo enseña que la vida cristiana es un asunto de crecimiento; que por medio de diferentes ministerios de la iglesia lleguemos a conocer mejor a Cristo, y a través del conocimiento seamos más como él. Algún día, dice Pablo, seremos maduros en él; pues la iglesia alcanzará la medida de la estatura de la plenitud de Cristo. ¡Qué hermosa es la visión de una iglesia que ha luchado por siglos por ser como Cristo y, aunque con fallas constantes, recibir la seguridad de que un día triunfará!

*Edificio de Dios.* Ningún estudiante de la religión hebrea puede pasar por alto la importancia que los judíos daban a su lugar de adoración. Con mucha precaución cuidaban del tabernáculo, su casa de adoración portátil en el desierto. Sólo los indicados por Dios podían tocar sus sagrados muebles. El templo que edificó Salomón fue adornado con gran riqueza, y había leyes estrictas para gobernar su uso. Para un pueblo, cuya religión se encontraba tan atada a un lugar y a un edificio, el cristianismo debió haberles parecido aburrido y sin emoción. La religión cristiana nunca ha estado atada a un lugar especial, ya sea ciudad, templo o lugar geográfico; aunque el apóstol Pedro dice que tenemos una casa espiritual, donde cada cristiano es una piedra viva que forma parte de ese edificio de Dios. Pablo dice "Edificados sobre el fundamento de las apóstoles y profetas, siendo la principal piedra del ángulo Jesucristo mismo. En quien todo el edificio bien coordinado, va creciendo para ser templo santo en el Señor; en quien vosotros también sois juntamente edificados para morada de Dios en el Espíritu" (Efesios 2:20-22). Las esperanzas de los cristianos no pueden radicar en un montón de piedras, ladrillo y mezcla; sino que ellos mismos son las piedras, y el amor es la mezcla. De esta manera unidos constituyen el edificio más santo y lleno de amor que jamás se haya construido.

*El olivo.* Tomando el hermoso pasaje que nos recuerda las palabras de Cristo: "Yo soy la vid, vosotros sois los pámpanos", Pablo caracteriza al pueblo de Dios como un olivo en Romanos 11. Aquí ve a los judíos como las ramas naturales, y a las gentiles como las ramas de olivo silvestre. Por su incredulidad las ramas naturales fueron cortadas, y en su lugar Dios puso ramas de olivo silvestre. Pablo advierte a las gentiles que no se llenen de orgullo, porque Dios los cortará como cortó las ramas naturales. Mas las ramas naturales pueden ser restituidas si vuelven a creer. Dios no hace ni acepción ni excepción de personas al escoger judíos y gentiles, pues de ambos demanda fe en él.

Sale sobrando decir que cuando una rama es separada del árbol se seca y muere; pero puede vivir y llevar fruto si se mantiene unida al árbol. Notemos también que cada individuo es una rama. Algunos han usado esta parábola para justificar las divisiones del cristianismo; pero como Cristo y Pablo lo vieron, no; las ramas no son denominaciones sino personas. Así que, cada persona debe conservarse unida al árbol del cual toma su fuerza y su vida.

## Palabras que describen al cristiano

Cada una de las palabras que describen a la iglesia sugieren también palabras que describen al cristiano como individuo. Cuando la Biblia describe a los cristianos como "hijos" o "hermanos" pensamos inmediatamente en una relación de familia. Cuando son descritos como "ciudadanos", "súbditos", "siervos", "soldados", "embajadores" nuestra mente nos lleva a los paralelos entre la iglesia y un gobierno político. Cuando son descritos como "piedras" o "ramas" sugiere nuestros trabajos y nuestra naturaleza. Cuando la Biblia se refiere a "hijos de Dios", "extranjeros" o "peregrinos" pensamos en el antagonismo y la rebelión que el mundo tiene hacia Cristo y su voluntad. Ciertamente el concepto de cristianismo es mucho más amplio que estas palabras que hemos visto; pues, aunque útiles, apenas nos han dado un entendimiento parcial del plan de Dios para el hombre. Nunca habrá palabra o conjunto de ellas que sea capaz de expresar cabalmente lo que encierra el sistema cristiano. En sus amplias ramificaciones es tan complejo como Dios mismo. Sin embargo, en su aplicación inmediata, sus requerimientos son más simples que hasta el menos letrado o ignorante puede entender completamente lo que Dios demanda de él.

# Preguntas

1. ¿En qué sentido la iglesia es como una familia? _____
   _____

2. ¿Qué ideas asociadas con la esposa son aplicables también a la iglesia?
   _____

3. ¿Qué tres cosas son necesarias para un reino? ¿Las tiene la iglesia?
   _____

4. Explique el término "Comunidad" en su sentido amplio y como es usado
   comúnmente. ¿De qué manera la iglesia es una comunidad? _____
   _____

5. ¿Qué paralelos hay entre el sacerdocio del Antiguo Testamento y la
   iglesia? _____

6. ¿Por qué Pablo llama a la iglesia "el Israel de Dios"? _____
   _____

7. ¿Quiénes son la simiente de Abraham? ¿Quiénes son su simiente por fe?
   _____

8. ¿Qué es el templo cristiano? ¿De qué material está hecho? _____
   _____

9. En la parábola del olivo enseñada por Pablo, identifique las ramas silvestres y
   las ramas naturales._____
   _____

10. De las palabras descriptivas que tiene el Nuevo Testamento para el
    cristiano, ¿cuántas puede recordar? _____
    _____

*Capítulo tres*

# Preparando el camino

*Hebreos 7:1-28; 8:1-13; 9:1-28; 10:1-22; Romanos 2:11-24; 3:1-31;*
*Gálatas 4:1-31; 5:1-26*

Cuando Dios puso a su recién nacida iglesia en el mundo hostil, no lo hizo sin pensar o sin cuidado. Este principio fue el clímax de siglos de preparación. Aunque el mundo fue antagónico hacia la iglesia casi inmediatamente, este mundo había sido preparado para este gran evento. Esta preparación se encuentra registrada en el Antiguo Testamento, en la historia secular y en el Nuevo Testamento.

## Preparación en el Antiguo Testamento

*Preparando un pueblo.* Dios empezó por preparar a un pueblo que fuera la cuna de un rey; un pueblo que produjera una María suficientemente fiel y humilde para dar vida al pequeño Cristo; una nación que pudiera generar un Simeón y una Ana que testificaran del niño; una nación que sirviera de núcleo para un reino internacional.

Dios preparó a este pueblo revelándose a ellos. Con el paso de los siglos Dios fue revelando más conocimiento y más verdades. Creemos que, si Dios se hubiese revelado completamente desde un principio al hombre pecador, éste hubiera sido incapaz de recibirlo. Antes de que el propósito de Cristo fuese revelado por completo, la humanidad tenía que ser preparada para una revelación gradual de la gloria de Dios. El vehículo para esta revelación fue el pueblo hebreo. Dios le habló por medio de los patriarcas y los profetas; desarrolló en ellos una conciencia profundamente religiosa, y a través de ellos se dio a conocer a la humanidad.

Más aún, los preparó por medio de victorias y derrotas, mostrando así el poder de Dios, y enseñándoles que Dios era indispensable para el hombre. Por medio de bendiciones y de castigos les mostró que el camino del transgresor es muy difícil, y que era "bienaventurado el varón que no anduvo en consejo de malos".

***Preparando un vocabulario.*** ¿Cómo poder describir al hombre algo que nunca ha visto? Sólo por medio de cosas que ha visto. ¿De qué manera podría transmitir Dios los conceptos tan revolucionarios de la iglesia? ¿De qué manera se aseguraría que el hombre entendiera? La respuesta está en la formación de un vocabulario adecuado. La ley de Moisés sirvió para este propósito, pues de allí salen las revelaciones del Nuevo Testamento. Cuando Juan el Bautista señaló a Jesús como "el cordero de Dios", nadie preguntó ¿qué querrá decir? Pues ya habían visto miles de corderos sacrificados en los altares del templo. Sus profetas habían hablado de un siervo que iba a sufrir, un cordero que era el reflejo de aquellas ofrendas. ¿Cómo iban a entender términos como "sacrificio" y "propiciación" sin el rico fondo cultural de la ley antigua con sus muchos sacrificios y ofrendas quemadas? Realmente la palabra "sacrificio" está llena de significado gracias al conocimiento que tenemos de las ofrendas de los tiempos antiguos. Lo mismo pasa con las ideas de "gracia" y "misericordia", que son aclaradas cuando vemos el trono de la misericordia en el templo y entendemos mejor su significado. En el libro a los Hebreos se usan muchos términos del Antiguo Testamento; declara que Cristo es nuestro Sumo Sacerdote; el cielo es el lugar santísimo, al cual entró Cristo, ofreciéndose a sí mismo por nuestro pecado. Las personas que lean Levítico se gozaran cuando comprendan en Hebreos que Cristo es a la vez el sacrificio perfecto y el sumo sacerdote para efectuar el sacrificio.

Haga un pequeño ejercicio: trate de eliminar de su vocabulario todos los términos prestados del Antiguo Testamento, y verá que quedarán muy pocos himnos en los himnarios, la mayoría de los sermones no tendrán sentido, y muchas de las lecciones religiosas serán vacías.

***La ley — Un Maestro.*** Ningún niño empieza su educación en la preparatoria; de la misma manera la humanidad no podría haber empezado con Cristo y su reino. Pablo dice en Gálatas 3:24 que la ley fue nuestro ayo para conducirnos a Cristo. La madurez espiritual de la humanidad principió con su gran maestro: "la ley de Moisés". Muchas son las lecciones que aprendemos de ese maestro. Pablo usa la mayor parte del libro de Romanos para bosquejarlas. Quizá la más grande lección es que nadie se puede justificar por las obras de la ley. La ley probó de una vez para siempre lo pecaminoso que es el hombre; probó asimismo que el hombre, por sus propias obras, nunca podría merecer el perdón de Dios ni un lugar celestial.

El lamento de la necesidad que el hombre tenía de la gracia de Dios se hizo fuerte. La ley nos enseñó que Dios es fiel; nos mostró que Dios permanece justo y recto sin importar cuán pecadoras sean sus criaturas. Su divina fidelidad descubre la infidelidad humana, y señala el vacío que sólo la gracia de Dios puede llenar.

## Preparación de la historia humana

*Dios prepara la escena.* La historia secular registra también la preparación de Dios para su iglesia. Tal vez no nos sea posible decidir hasta qué grado Dios interfirió en la historia a fin de prepararnos para recibir a su Hijo y a la iglesia. ¿Manipuló Dios la historia o sólo hizo uso de ella? En lo que podemos concordar es que la providencia divina preparó el tiempo en que la iglesia habría de nacer. Gálatas 4:4 nos dice que Cristo vino "en el cumplimiento del tiempo". Ese tiempo se caracterizó por muchos factores políticos, sociales, económicos y espirituales. En ningún punto de la historia hubo una ocasión más apta para la venida del Mesías que el primer siglo de nuestra era.

*Preparación política.* Para una persona acostumbrada a la atmósfera de una república libre le puede parecer que la iglesia nació en un momento poco apropiado. Todo el mundo civilizado estaba bajo el poder de una de las dictaduras más totalitarias que el hombre haya conocido. Roma gobernaba con mano de hierro y no siempre con sabiduría, todos los países, desde el Mediterráneo hasta donde llegaba el mundo conocido. Al cristianismo no le interesaba, sin embargo, la política. Esta es una buena lección para todas las edades: que el cristianismo nació bajo un gobierno dictatorial, pagano y cruel, y, sin embargo, ha logrado sobrevivir, hasta la fecha, a cualquier sistema político. El gobierno romano ofreció muchas ventajas a la naciente iglesia: la primera de ellas fue la paz, aunque era una paz impuesta; pues cuando las naciones se enfrascan en grandes guerras, se ocupan tanto por las conquistas militares que dejan muy poco tiempo para especulaciones y contemplación religiosas. Cuando la nación está en paz, la gente tiene tiempo para ver a su interior y considerar el estado de su alma. Paz significa también que hay pocas restricciones para viajar. En este caso la ventaja se incrementó con el hecho de que había pocas fronteras que cruzar. Con Roma controlando tan gran parte del mundo, no había necesidad de visas o pasaportes.

Las largas esperas y el interminable papeleo que hacen los misioneros de hoy eran desconocidos entonces. Habiendo nacido con persecución y con la oposición creciendo con rapidez, el tiempo era precioso para la naciente iglesia. La ausencia de restricciones para viajar ayudó a aprovechar al máximo ese tiempo tan precioso.

**Preparación económica.** El siglo fue muy próspero para Roma, aunque no tanto para las provincias abandonadas, lejanas y dispersas. Tierras como Israel fueron desangradas por los excesivos impuestos de Roma. Pero parte de esos impuestos fueron usados para construir los magníficos caminos de los tiempos antiguos. Los caminos romanos ayudaron a que los colectores de impuestos y los ejércitos pudieran viajar con más rapidez; y al mismo tiempo proveyeron una ruta rápida para los evangelistas de la iglesia de Cristo. Tan buenas eran esas carreteras, que algunas existen hasta el día de hoy. Sobre ellas corrieron los "pies aprestados con el evangelio de la paz" para cumplir la profecía de Isaías "¡Cuan hermosos son sobre los montes los pies del que trae alegres nuevas, del que anuncia la paz, del que trae nuevas del bien, del que publica salvación" (Isaías 52:7).

El siglo I fue también de gran actividad comercial. De Roma marcharon ejércitos y procuradores, y a Roma llegaron caravanas tras caravanas trayendo comodidades del Este. Así el evangelio fue llevado no sólo por los que se dedicaban a él, sino también por los que viajaban debido a sus asuntos profesionales. Mercaderes, soldados y oficiales públicos fueron ganados para Cristo; y por donde quiera que fueran, testificaban de él. Cada cristiano se convirtió en un evangelista, y la corriente comercial de la época se encargó de llevar el testimonio de Cristo a los confines del imperio romano.

**Preparación social.** Aunque los romanos dominaban políticamente el mundo, los griegos seguían dominando la mente de los hombres. Militarmente fueron derrotados por los romanos, pero intelectual mente seguía mandando a través de la mente romana; y su influencia es considerable en nuestro tiempo todavía. De tal forma que toda persona educada en el tiempo del Nuevo Testamento hablaba griego.

Se usó tanto que el Nuevo Testamento fue escrito en ese idioma. Aquí vemos otra ventaja para la iglesia. ¿Cuántos años gasta un misionero en aprender un idioma? ¡Qué ventaja sería no perder el tiempo en ello! Sin embargo, había quienes no hablaban el griego, pero Dios proveyó una maravilla y les dio el don de hablar idiomas para vencer esa dificultad. Siendo que casi cada persona que podía leer sabía griego, el Nuevo Testamento fue, pues, una bendición desde el principio.

Hay que notar también que el griego es uno de los idiomas más precisos que ha existido. Hay una palabra para cada cosa y significado. En otros idiomas una palabra puede ser traducida frecuente mente de diferentes formas, y no son idiomas muy exactos. La precisión del griego hizo posible que el mensaje de Dios llegara a nosotros con exactitud. Dios no pudo haber escogido idioma mejor para su propósito.

*Preparación espiritual.* Ya hemos notado la preparación que hizo Dios para la aparición de la iglesia; pero hubo algo más de preparación en cuanto a lo espiritual, lo cual fue significativo. Las viejas religiones estaban en decadencia. El paganismo romano estaba intacto gracias al poder político del emperador-dios César. A los griegos les encantaba discutir de religión pagana, pero muy pocos conservaban su fe en los dioses antiguos. Hasta el judaísmo que adoraba al verdadero Dios vivo se había transformado en una burla; ya que la hipocresía de los sacerdotes era conocido por todos. Los judíos estaban unidos a Israel por motivos políticos, sentimentales y familiares, pero no por lazos espirituales. Muchos adoraban al Dios de Israel sinceramente, pero muchos otros habían perdido su confianza en la vieja ley. La esperanza en el Mesías era mucha, pero todos esperaban un mesías político, y anhelaban más la liberación del yugo romano que la liberación del pecado. Había un gran vacío espiritual que debía ser llenado.

## Preparación en el Nuevo Testamento

Los pasos finales para preparar el camino para la iglesia fueron dados por Jesús mismo; y lo leemos en los cuatro evangelios. Durante su ministerio Jesús reveló de manera más clara el carácter y naturaleza de

Dios; dio el ejemplo perfecto para todos los hombres, predicó la buenas nuevas, sanó los enfermos, resucitó a los muertos. A pesar de los días difíciles que le tocó vivir y la continua presión de la multitud, se dio tiempo para entrenar a los doce para su misión. Finalmente llegó al clímax de su misión al morir en la cruz por los pecados del hombre, y luego resucitó de los muertos.

Ciertamente sería un error decir que Jesús hizo todo esto sólo como preparación para su iglesia. La encarnación de Dios en Cristo era, en sí, el clímax de todos los sueños y esperanzas de la raza humana. La iglesia es la extensión de la encarnación, así como lo era Cristo de Dios; y de la misma forma, aunque tal vez en menor grado, él puede estar en todos los hombres. La iglesia y sus miembros deben dar testimonio a cada generación, de los hechos de Cristo: su vida, su muerte y su resurrección. "Me seréis testigos" dijo Cristo. Para que el testimonio de los doce fuera efectivo les prometió dones maravillosos por medio del Espíritu Santo: inspiración, revelación, dones para sanar, hablar otros idiomas y resucitar muertos. Y con este poder estaban listos para la enorme labor de predicar el evangelio a toda criatura.

El paso final en la preparación para la iglesia fue la oración. Justo antes de su ascensión Jesús dio instrucciones para que esperaran en Jerusalén el poder que les había prometido que Dios les daría. La Biblia nos dice que, durante los diez días entre la ascensión y el Pentecostés, los discípulos oraban y meditaban. Eso fue esencial en la preparación del camino para la iglesia, el reino de Dios.

## Comparación entre los dos testamentos

Todo el libro a los Hebreos es una comparación entre el antiguo pacto y el nuevo. Tal comparación revela grandes diferencias y grandes paralelos. El pacto antiguo era nacional y la iglesia del nuevo es internacional. El antiguo era temporal; el nuevo eterno. El antiguo fue iniciado con Abraham; el nuevo con Cristo. Los del antiguo vivieron bajo la ley de Moisés; los del nuevo bajo la gracia y el amor de Cristo. El antiguo fue escrito en piedra; el nuevo en el corazón. Al antiguo se entraba por nacimiento físico; al nuevo por nacimiento espiritual (2 Corintios 3:1-8). La señal del antiguo era la circuncisión; la señal del nuevo es la fe (Gálatas 5:6). El antiguo tenía innumerables sacrificios; el nuevo es santificado por la sangre de Cristo. La adoración en el antiguo se centraba en el templo de Jerusalén; en el nuevo el énfasis de la adoración es "en espíritu y en verdad". Los panes sin levadura eran puestos en la mesa del antiguo y también los hay en la mesa del nuevo. En antiguo tenía un sumo sacerdote escogido de entre los hombres; el nuevo tiene un sumo sacerdote eterno, sin principio de días ni fin de vida. El antiguo cumplió su propósito introduciendo al nuevo; el nuevo tendrá su cumplimiento llevando a la humanidad a vivir con Dios por la eternidad.

## La iglesia en la profecía

*Principio en Jerusalén.* En Isaías 2:1-3 se narra la siguiente profecía: "Lo que vio Isaías hijo de Amoz acerca de Juda y de Jerusalén. Acontecerá en lo postrero de los tiempos que será confirmado el monte de la casa de Jehová como cabeza de los montes, y será exaltado sobre los collados y correrán a él todas las naciones. Y vendrán muchos pueblos, y dirán: Venid, y subamos al monte de Jehová a la casa del Dios de Jacob; y nos enseñará sus caminos, y caminaremos por sus sendas. Porque de Sion saldrá la ley, y de Jerusalén la palabra de Jehová". Esta profecía se repite en Miqueas 4:1-4; y Jesús la reitera en Lucas 24:46-48: "Así está escrito y así fue necesario que el Cristo padeciese y resucitase de los muertos al tercer día; y que se predicase en su nombre el arrepentimiento y el perdón de pecados en todas las naciones, comenzando en Jerusalén. Y vosotros sois testigos de estas cosas".

*Recibirán poder.* Tanto Joel como Jesús predijeron que el principio de la iglesia estaría lleno de manifestaciones de poder. En Hechos 2 Pedro cita a Joel 2:28-32 y diciendo que esto se estaba cumpliendo en ese día: "Derramaré mi Espíritu sobre toda carne". Antes de la ascensión Jesús dijo a los apóstoles: "Pero quedaos vosotros en la ciudad de Jerusalén, hasta que seáis investidos de poder desde lo alto" (Lucas 24:49; Hechos 1:4). En Hechos 2:3, 4 está el cumplimiento de esa promesa; lenguas de fuego aparecieron sobre los apóstoles y hablaron en otros idiomas exaltando las maravillas de Dios.

# Preguntas

1. ¿De qué manera preparó Dios a un pueblo? _____

2. ¿Cuántas palabras puede mencionar que se refieran a la iglesia? ¿Cuántas fueron tomadas del Antigua Testamento? _____

    _____

3. ¿De qué manera la ley probó al h o m b r e? _____

    _____

4. ¿Qué ventajas tuvo la iglesia al nacer bajo el imperio romano? _____

    _____

5. ¿Qué ventajas obtuvo la iglesia gracias al uso extenso del griego?

    _____

6. ¿Cuáles factores sociales y económicos hicieron que el tiempo en que nació la iglesia fuera el apropiado? _____

    _____

7. ¿Qué hizo Jesús en la preparación del camino para el nacimiento de la iglesia? _____

    _____

8. Escriba dos listas: una de similitudes y otra de diferencias existentes entre los dos testamentos. _____

    _____

9. De acuerdo con la profecía del Antigua Testamento y las promesas de Jesús, (¿en qué ciudad tendría que nacer la iglesia?) _____

    _____

10. ¿De qué manera mostró Dios que había investido de poder a los apóstoles? _____

Capítulo cuatro

# ¿Cuándo nació la iglesia?

*Hechos 2; Joel 2:28-32; Hechos 3*

## El día de pentecostés

*La evidencia.* El Nuevo Testamento no nos declara con precisión el día que la iglesia comenzó, pero toda la evidencia indica el día de Pentecostés. En Hechos 2:47 se habla por primera vez de la iglesia ya en existencia. En ocasiones anteriores, como Mateo 16:18, Jesús uso el tiempo futuro. El pasaje de Mateo 18 se puede referir ya sea a Israel o a lo que se tiene que hacer cuando la iglesia sea establecida. El apóstol Pedro considera el Pentecostés como el principio de la iglesia (Hechos 11:5).

En cierta manera se puede decir que la iglesia es la continuación espiritual del pueblo de Israel. Aunque las palabras de Jesús "El reino de los cielos se ha acercado" indican un principio y no una continuación del reino de Israel. Algunos fechan el principio de la iglesia con el llamamiento de los doce; y ciertamente fueron un prototipo de la iglesia. Cristo los llama "manada pequeña", y esto podría aplicarse al principio de un rebaño más grande que sería constituido por todos los que acepten a Cristo. Algunos han dicho que la iglesia tuvo su inicio en la última cena. Si la iglesia principio antes de pentecostés, hay que reconocer entonces que su trabajo no dio comienzo sino hasta el gran día de pentecostés. Debemos considerar también que, si la iglesia empezó antes de pentecostés, fue una iglesia sin poder; pues la promesa de Jesús no se cumplió sino hasta el día de pentecostés (Hechos 1:4; Lucas 24:49). La mejor explicación es que el llamamiento de los doce y la última cena fueron un preludio, la sombra de lo que había de venir. El pentecostés se erige como el momento más importante de la historia humana, aparte de la crucifixión y resurrección de Cristo.

*La fiesta judía.* Por un tiempo de como 1500 años los judíos venían celebrando esta fiesta de gran gozo. Era su festival de la cosecha, cuando el grano estaba listo para segarlo. De esta cosecha los judíos traían una ofrenda de gratitud a Dios. Fue muy apropiado que, en la fiesta de la cosecha, el evangelio produjera también sus primeros frutos. ¡Cuán apropiado fue que los segadores de Dios recogieran la primera cosecha justo cuando los hebreos salían a cosechar también. Así como el grano estaba listo para ser segado, el tiempo era propicio para la cosecha de hombres. Tal como los hebreos adoraban a Dios antes de la cosecha, también los discípulos pasaron diez días en oración y ayuno antes de iniciar su cosecha.

*Las multitudes.* Multitudes se arremolinaban en las calles de Jerusalén, y una sinfonía de sonidos hacía eco en sus murallas; corderos balando, burros rebuznando, niños llorando y viejos amigos saludándose; los comerciantes proclamando sus mercancías, y los sacerdotes del templo haciendo sus rituales. Gente venida de todas partes del mundo, gente enseñada en las tradiciones de sus padres y educada en la ley de Moisés y en los profetas. El escenario estaba listo, la multitud estaba reunida, los participantes preparados, el telón a punto de correrse para ese drama inolvidable: el nacimiento de la iglesia.

## Un día de poder

*Manifestaciones divinas.* En el clímax del festival Cristo cumplió su promesa a los doce "recibirán poder". Prometió y cumplió. Estaban todos juntos cuando se les aparecieron lenguas como de fuego.

Estas fueron las expresiones visibles del poder invisible que iba a tocar tanto la mente como la boca de los apóstoles. No sólo fueron guiados en el contenido del mensaje, también se les dio la habilidad de predicar a los que no podían hablar hebreo, su lengua madre, ni el griego, su lengua cultural. Según Hechos 2 había judíos de más de una docena de lugares, y cada uno oyó el mensaje en su idioma. Los estudiosos de la Biblia no se ponen de acuerdo en cuanto a la naturaleza de la maravilla expuesta en este evento. Algunos dicen que los doce hablaron un solo idioma y cada persona lo oyó en su idioma. Otros dicen que la señal se obró en los oyentes y no en los que hablaban. Aduciendo que cada apóstol habló un idioma distinto o tomaron turnos para hablar en varios idiomas a la multitud. No hay manera de llegar a una conclusión, y eso realmente no es importante; sino el hecho de que por obra de Dios todos oyeron el evangelio en su propio idioma.

*Una iglesia universal.* Desde el principio Dios mostró que su reino iba a ser universal, sin límites geográficos, políticos o raciales. El hecho de que cada uno oyera en su propia lengua demuestra que el cristianismo no sería una religión exclusiva. Nadie necesitaba aprender hebreo o griego para formar parte del reino. Debemos tener cuidado de no confundir cristianismo con costumbres. Muchos misioneros americanos ponen más interés en americanizar o romper costumbres que en cristianizar. El cristiano no necesita adoptar la manera de vivir de otro, sólo necesita aceptar a Cristo.

## Un día de proclamación

Las lenguas como de fuego fueron más que una señal para anunciar el maravilloso don de hablar en otros idiomas; fueron un símbolo del fuego elocuente con que el mensaje debe ser predicado. Quizá todos predicaron en esa ocasión, pero sólo tenemos un sermón escrito, el de Pedro. Él "alzando su voz", y su voz sigue oyéndose en cada generación. Pedro proclamó que los eventos que estaban observando fueron profetizados en el Antiguo Testamento; donde Dios dijo lo que iba a hacer. Tomando el texto de Joel, Pedro declaró que lo que estaban viendo era el cumplimiento de las esperanzas y sueños de Israel.

Pedro mostró también que los eventos del día de Pentecostés, año 30 al 33 de nuestra era, tenían sus raíces en la mente de Dios. El Señor mismo había intervenido en la historia humana, y había entrado en ella en la persona de Jesucristo. Pedro declara que de todas las maravillas de Dios sobresalen la crucifixión y la resurrección de Cristo; las cuales fueron profetizadas también. Citando los Salmos de David, mostró que el Mesías debía experimentar muerte y resurrección; y, lejos de ser descalificado por ello, dice que estas dos experiencias le valieron para ser declarado "Señor y Cristo".

El mensaje de Pedro fue personal y preciso. En seguida acusó a su audiencia de ser culpables de la muerte de Cristo. Esta acusación era como lenguas de fuego, quemaban mientras atravesaban y llegaban al corazón de los oyentes. ¿Habría allí algunos que gritaron a Pilato "¡Crucifícalo! ¡Crucifícalo!"? Es muy probable. Todo Israel era culpable; porque "a lo suyo vino, y los suyos no le recibieron". También es cierto que toda la humanidad debe compartir la culpa, porque no fueron los clavos que mantuvieron a Jesús clavado en la cruz, sino nuestros pecados. ¿NO deberíamos reaccionar de la misma forma que a gente de Jerusalén? "Varones hermanos, ¿qué haremos?" Creo que a cualquier ministro le gustaría predicar con tanto poder, y que los pecadores lo interrumpieran a mitad de su mensaje y le dijeran ¿qué haremos?

**Respuesta de Pedro.** Pedro no respondió que tuvieran fe; pues era evidente que ya creían. Lo que necesitaban era mostrar su arrepentimiento dejándose bautizar. La frase "en el nombre de" significa "por la autoridad de Jesucristo". Pedro ofrece el remedio a los hombres convencidos de su pecado. Se entiende que tanto el arrepentimiento como el bautismo, son para el perdón de los pecados. ¿Qué es el don del Espíritu Santo prometido por Pedro? ¿Los capacitaría también para que ellos hablaran en otros idiomas? Esto no se enseña ni en este ni en otro pasaje del Nuevo Testamento. Un estudio concienzudo de 1 Corintios y Romanos pondrá en claro que no todos los cristianos debían esperar obrar señales y prodigios. También aclaran que cada cristiano debe ver su cuerpo como el templo del Espíritu Santo que mora en él.

## Un día de victoria

**La respuesta.** ¡Qué respuesta tan magnífica la de los oyentes de Pedro! Como 3000 aceptaron al Señor y fueron bautizados el mismo día. Se ha argüido que los doce no pudieron haber sumergido a 3000 en un día. Pero hay la posibilidad de que algunos de los 120 y los bautizados ayudaran a bautizar también a los demás. La enseñanza de que sólo los capacitados pueden bautizar es ajena a la Biblia.

Tan gozosos estaban estos cristianos que inmediatamente liquidaron sus asuntos y principiaron una vida comunitaria. Algunos han dicho que esto fue el comunismo en experiencia; pero debemos entender que hay una gran diferencia entre la comunión cristiana y el comunismo marxista de hoy día.

Su corazón estaba tan lleno de gozo que se juntaban en las casas y en el templo para alabar a Dios. Aunque el templo simbolizaba la vieja ley, ahora sustituida por la nueva; los cristianos no veían nada malo en regresar a él para adorar a Cristo, el nuevo camino a la vida.

***Añadidos a la iglesia.*** Si ha leído el capítulo, 2 de hechos habrá notado que la palabra "IGLESIA" no aparece sino hasta casi el final del capítulo. El último versículo es muy significativo; pues nos indica que los que fueron salvos no fueron abandonados a sus propias fuerzas para luchar contra la tentación. Cristo los había llamado fuera del mundo para reunirlos en un grupo. Donald Miller lo llama "la confraternidad de los perdonados". La iglesia se compone de los llamados fuera del mundo, llamados para estar juntos en una asamblea mundial de santos; pues no es justo decir que la iglesia es sólo un grupo de amigos o una simple asamblea de personas. Sus miembros tienen compañerismo unos con otros, y, a la vez, tienen compañerismo individual con el Cristo vivo; pues han pasado a formar parte de él mismo, de su carne y de sus huesos (Efesios 5:30). Y es a través de ellos que el mundo será redimido.

***Un día de idiomas.*** Los grandiosos acontecimientos del Pentecostés pueden ser resumidos en las muchas voces oídas. La lengua como de fuego del Espíritu hizo posible el portento de que se hablara en varios idiomas. Los idiomas en que estaban proclamando Pedro y los apóstoles motivaron que la boca de los pecadores se moviese inquisitivas; y para antes de que terminara el día, todas las lenguas se habían unido en idiomas de alabanza y testimonio. Y al considerar esto, ¿no sentimos lo mismo que David, cuando dijo: "Y mi lengua hablará de tu justicia, y de tu alabanza todo el día"? (Salmo 35:28).

***Resultados sin precedente.*** El islamismo no tuvo ni cien convertidos el primer año; y el cristianismo tuvo 3000 el primer día; y en pocos días más 5000 fueron añadidos (Hechos 4:4). Cada convertido se transformaba en un evangelista, en un testigo. De este principio tan magnífico, logrado en Jerusalén, saldría la semilla para plantar iglesias en todo el mundo. Los cristianos fueron dispersados por los vientos de la persecución (Hechos 8:4), y cada cristiano se convirtió en la semilla para una nueva congregación, guiando a los habitantes de su comunidad a aceptar a Cristo. Podemos decir que el mensaje divino llegó a todos los rincones del mundo conocido en el transcurso de la vida del apóstol Pablo (Colosenses 1:6). ¡Qué gran principio para el nuevo pacto de Dios con el hombre!

*El precio del pentecostés.* Tan excelentes resultados no se alcanzan fácilmente. Recordemos que el pentecostés fue el clímax de muchos siglos de preparación. A Cristo le costó dejar su gloria en el cielo, Su comunión con los ángeles y abandonar la presencia del Padre; le costó trabajo, lágrimas, sudor y hambre; y no hay que olvidar el dolor intenso, la agonía y la muerte. No fue una victoria fácil, pero fue decisiva, y de Cristo. No podemos explicar los resultados del pentecostés sino a través del poder de Dios. Muchos se han preguntado ¿Cómo es posible que un grupo de pescadores iletrados haya logrado tanto? La respuesta es que no la lograron por ellos mismos sino "gracias sean dadas a Dios que nos da la victoria por medio de nuestro Señor Jesucristo".

## Recreando el pentecostés

Algunos se han preguntado: ¿Podría haber en nuestro tiempo otro pentecostés? Y respondemos que, técnicamente, el pentecostés no puede ser recreado; pues como fue el día de la inauguración de la iglesia, no se puede repetir. ¿Quiere decir que la iglesia de la actualidad está sin poder? NO. Si bien no necesitamos lenguas como de fuego ni idiomas milagrosamente hablados; ¿no está siendo predicada la majestuosa palabra, que "es poder de Dios para salvación" por todos los lugares? Si nos convertimos en recipientes para llevar el poder de Dios, como lo fue la iglesia primitiva, con seguridad que veremos en nuestro tiempo un resurgimiento victorioso de la iglesia. ¿Qué características poseían los primeros cristianos para convertirse en los medios eficaces para que el poder de Dios se extendiese? Estaban unidos en comunión. Ninguna de las diferencias insignificantes y triviales, que separan en nuestro tiempo a la gente del Señor, podía perturbar "el mismo corazón" de pentecostés.

*Incomparables en su generosidad.* La iglesia nació sin fondos económicos, pero al día siguiente el tesoro estaba rebosando, lleno de las ofrendas de hombres y mujeres para quienes la iglesia era todo su interés. También eran generosos con su testimonio; aunque las autoridades les ordenaban no hablar, ellos continuaron haciéndolo con mayor ahínco. Puestos bajo prisión, convirtieron al carcelero; traídos a juicio, invitaron a sus jueces a aceptar a Cristo. Fue imposible para ellos guardar las maravillosas nuevas de que el Señor resucitado es nuestro Redentor y Salvador.

***Las primeras cosas en primer lugar.*** Pentecostés fue también la "fiesta de las primicias". Las primicias de la cosecha eran traídas como ofrenda a Dios. De esta manera los judíos demostraban que Dios era el primero en su vida. Los primeros convertidos del día de pentecostés fueron los primeros frutos y cristianos, y estaban listos para poner a Dios en primer lugar para todo. Casas, negocios y tierras fueron vendidos para que la iglesia naciente no tuviera necesidades. Cuando ocurrió todo esto fue el primer día de la semana; y no fue coincidencia que la iglesia naciera en ese día; como tampoco es accidente que escogiera el primer día de la semana para sus reuniones. Por designio de Dios traemos nuestras ofrendas el primer día de la semana; y en comunión ese día buscamos fuerza para poner primero a Dios en todas nuestras acciones. Sin embargo, el primer día de la semana no es conmemorativo del pentecostés, sino de la resurrección de Cristo. Cuando notamos que Pablo llama a Jesús "primicias de los que durmieron" (1 Corintios 15:20, 23), vemos cuan apropiado es que él se haya levantado de los muertos el mismo día en que la fiesta de las primicias se venía celebrando por 14 siglos. ¡Qué gran herencia la que tenemos cuando nos reunimos el primer día de la semana!

# Preguntas

1. ¿Qué evidencias hay de que el nacimiento de la iglesia fue en pentecostés? _____

2. Describa la fiesta de pentecostés. _____

3. Los idiomas mostraron que los apóstoles hablaron por inspiración divina y proveyeron una lección objetiva de la naturaleza de la iglesia, ¿qué lección sacamos de este fenómeno hoy día? _____ _____

4. ¿Cuáles dos escritores del Antiguo Testamento citó Pedro en su sermón de Pentecostés? _____

5. Escriba de memoria la respuesta de Pedro a los que preguntaron "Varones hermanos, ¿qué haremos?" _____ _____

6. ¿Cuántos se convirtieron en ese día? _____ _____

7. ¿A que fueron añadidos? ¿quién los añadió? _____ _____

8. ¿Qué cualidades de los primeros cristianos deberíamos adoptar para tener los mismos resultados que en Pentecostés? _____ _____

# Capítulo cinco

# La iglesia y sus miembros

*Hechos 2:36-47; 8:5-40; 9:1-22; 10:1-47; 16:13-40; 22:1-16*

## Membresía de la iglesia y salvación

*Términos idénticos.* Aún no se comprende cabalmente que en el Nuevo Testamento hacerse cristiano y hacerse miembro de la iglesia es lo mismo. En la mente de muchos las dos cosas son separadas; pero Hechos 2:47 dice: "Y el Señor añadía a la iglesia los que habían de ser salvos". En el lenguaje de la Biblia ser salvo, hacerse cristiano y pertenecer a la iglesia significan lo mismo. La realidad es que cuando alguien se hace cristiano, Cristo lo añade a la iglesia. La falacia reside en que muchos dicen que después de hacerse cristiano se debe escoger una denominación a la cual unirse. Si el Señor añade los salvos a su iglesia, ¿qué necesidad hay de añadirse a alguna otra "iglesia"? Nótese que la expresión "unirse a la iglesia" no existe en el Nuevo Testamento; pues éste habla de unirse a Cristo y él añade las personas a su iglesia. Esto parecerá un punto técnico, y posiblemente lo sea; pero es bueno notar también que Cristo, como cabeza de la iglesia, es el único que determina si hace o no miembro a alguien. Ha dejado establecido en la Biblia que los que cumplen con el plan de salvación serán añadidos.

*El modo de salvación.* ¿Cuáles son los requisitos para ser miembro de la iglesia del Nuevo Testamento? ¿Cuál es el proceso para que un cristiano sea añadido a la iglesia? Para contestar a esto, lo que se tiene que hacer es buscar en el libro de los Hechos; pues es el único libro de la Biblia que ofrece una lista de conversiones. Describe ocho casos; y un análisis de ellos revelará que cada uno de los convertidos hicieron tres cosas: (1) creyeron en Cristo como el Hijo de Dios; (2) se arrepintieron de sus pecados y fueron bautizados en Cristo. "Creer en Cristo" no es mencionado en todos los casos, pero está implicado. El arrepentimiento tampoco es mencionado en todos los casos, pero está implicado. El bautismo es mencionado en todos los casos. Estos temas serán tratados en detalle en capítulos posteriores. En esta lección queremos estudiar las primeras conversiones narradas en Hechos. De aquí tomamos el texto "Y el Señor añadía cada día a la iglesia los que habían de ser salvos".

***La conversión de los tres mil.*** Los primeros versículos de Hechos 2 preparan la escena. El sermón de Pedro es interrumpido en el versículo 37 por el clamor de la multitud: "¿Que haremos?" Pedro les responde: "Arrepiéntanse y sean bautizados". No menciona que deben creer, pues es evidente, por la pregunta que hicieron, que el sermón les hizo creer. Este se deduce de las palabras "Al oír esto se compungieron de corazón". Así que, aquí tenemos la fe, el arrepentimiento y el bautismo. En el versículo 38 tenemos la amplitud ("cada uno de vosotros"); la autoridad ("en el nombre de Jesucristo"); la razón ("para perdón de pecados"); el resultado ("el don del Espíritu Santo"). La bendición de ser miembro de la iglesia es añadida en el último versículo.

***Los corintios.*** El caso de conversión más corto es relatado en Hechos 18:8 — un solo versículo. Sin embargo, nos muestra que Pablo y Silas enseñaron los mismos requisitos que Cristo dejó para la conversión: "El que creyere y fuere bautizado, será salvo". Nadie debe sentirse mal por la ausencia de la palabra "arrepentimiento"; ya que el querer volver a Dios (la decisión de volver) es, en sí misma, el arrepentimiento.

***Simón el Mago.*** Esta es la segunda conversión cronológica; a menos que incluyéramos Hechos 4:4, pero la poca información acerca de los cinco mil convertidos, hace que sea de nulo valor para nuestro estudio. El caso de Simón presenta, sin embargo, valiosa información. Cuando leemos en el versículo 13 que él fue bautizado, recordamos las palabras de Cristo: "El que creyere y fuere bautizado, será salvo" (Marcos 16:16). El mago aún tenía mucho del mundo en sí, y cometió un pecado muy serio enseguida de su bautismo. Con todo, no se duda de la validez de su conversión, ni se le dice que debe ser sometido a un segundo bautismo. Esto es información muy valiosa para los cristianos. El que alguien peque después del bautismo no quiere decir que no se haya convertido, ni se le demanda un nuevo bautismo. La fe, el arrepentimiento y el bautismo son esenciales para que el pecador obtenga el perdón de pecados. Al cristiano que ha pecado, sólo se le pide que se arrepienta y haga oración para obtener el perdón.

*Felipe y el Eunuco.* En el capítulo 8 aparece también el tercer caso de conversión. Sucedió que el tesorero de la Reina de Etiopía volvía de Jerusalén a su tierra, después de haber adorado en el templo. El Espíritu dirige a Felipe el Evangelista para que vaya con él. Felipe le muestra por medio de la escritura que iba leyendo, que Jesús es el cumplimiento de la profecía de Isaías. En el versículo 36 el eunuco pide ser bautizado. El versículo 37 no aparece en algunas versiones; pero no sería lógico que Felipe no contestara su pregunta. Si el versículo 37 debe o no estar es puro tecnicismo; pero podemos estar seguros de que lo que dice está en perfecta armonía con la enseñanza y practica de la iglesia primitiva. Hay una clave fuerte en cuanto a la manera del bautismo en el hecho de que ambos hayan entrado al agua. Notemos que es hasta este momento que el eunuco se regocija; pues vio en el bautismo su paso final en su aceptación de Cristo.

*La conversión de Pablo.* Hay tres narraciones de la conversión de Pablo; y debemos leer las tres a fin de poder entender mejor la historia, y se encuentran en los capítulos 9, 22 y 26 de Hechos. El propósito de la aparición de Cristo no fue para convertirlo (26:10). Nótese que después de la visión, el ayuno y las oraciones Pablo continuaba siendo un pecador (22:16). La conversión de Saulo fue como las otras, sin importar su dramatismo y aspecto milagroso. Él creyó en Cristo (ver Hechos 9:6; 22:8-10), y de que se arrepintió, no cabe duda; se nota en el hecho de que ayunó tres días y tres noches y fue bautizado. Las razones para su bautismo las encontramos en Hechos 22:16, "lava tus pecados".

*La conversión de Cornelio.* Note en Hechos 10 y 11 que Cornelio no es salvo (11:4), aunque es un hombre bueno, generoso, dado a la oración y, además, tuvo una visión del cielo. El hecho de que estos gentiles creyeron en Cristo, y les hizo dignos de ser miembros de la iglesia, a pesar de su nacionalidad, es sancionado directamente por Dios; pues él les dio una señal, así como la dio a los apóstoles en el Pentecostés (compárese Hechos 2:1-4; 10:44-46 y 11:15-17). Esta demostración tuvo como propósito convencer a Pedro y a los demás apóstoles de que los gentiles debían ser incluidos en la fe cristiana. Esta señal del Espíritu es aplicable solamente a su conversión; esto se puede ver en el hecho de que no se vuelve a derramar el Espíritu como a ellos en ninguna otra conversión. Y el lenguaje mismo de la narración lo declara; pues en Hechos 11:14 Pedro es enviado a decir "Palabras por las cuales serás salvo"; y el único mandato que les dio fue: "Mandó bautizarles en el nombre del Señor Jesús" (Hechos 10:48).

*La conversión de Lidia.* Aunque es el único hecho que se menciona de esta conversión (Hechos 16:15), estamos seguros de que Lidia creyó y se arrepintió de sus pecados. Es interesante notar que, de los tres requisitos mencionados arriba, sólo uno ha sido atacado siempre. Nadie niega que es necesario creer, aunque no sea mencionado en cada conversión. Nadie niega que el arrepentimiento es parte de la salvación, aunque tampoco sea mencionado en cada caso. Sin embargo, muchos niegan que el bautismo sea parte de la salvación, aunque es mencionado en todas las conversiones.

*El carcelero de Filipos.* Hechos 16:30 narra una historia dramática; pues se pregunta: "¿Qué debo hacer para ser salvo?" La primera parte de la respuesta se encuentra en el versículo 31: "Cree en el Señor Jesucristo, y serás salvo tú y tu casa". Por lo dicho en el siguiente versículo se nota que eso no era la respuesta completa: "Y le hablaron la palabra del Señor a él y a todos los que estaban en su casa". Es evidente que se arrepintió, pues les curó las heridas que el mismo había ayudado a causarles, y fue bautizado en esa misma hora de la noche. Y al igual que el eunuco, se regocijó después de su bautismo.

*Resumen.* De este estudio podemos ver claramente que hay tres respuestas humanas en la conversión. Siendo que la gracia de Dios es la base para la salvación (Efesios 2:8); es de esperarse que el hombre responda con fe, arrepentimiento y bautismo. Esto se entiende no sólo en los casos de conversiones sino en las órdenes de Jesús (Mateo 28:19-20; Marcos 16:15, 16; Lucas 24:27, 46; Juan 3:3-5). La fe cambia el corazón del hombre (Romanos 10:10), el arrepentimiento cambia la vida del hombre (Hechos 3:19) y el bautismo cambia el estado del hombre en su relación con Cristo (Gálatas 3:27).

# Relaciones y responsabilidades

*Relación con Cristo.* Debemos enfatizar continuamente que lo que tenemos en la iglesia no es simplemente un grupo de gentes reunidas para labores humanitarias o sociales, sino un grupo de personas unidas en Cristo, enviadas a hacer su voluntad. La Biblia presenta a Cristo como la cabeza, y a la iglesia como el cuerpo. Con todo, no tenemos la idea completa. También notamos que las palabras CRISTO e IGLESIA son usadas casi como sinónimas; y Pablo las presenta fluyendo juntas y convertirse en una. Tal es el caso de Efesios 4:15, 16: "Sino que, siguiendo la verdad en amor, crezcamos en todo en aquel que es la cabeza, esto es Cristo, de quien todo el cuerpo, bien concertado y unido entre sí por todas las coyunturas que se ayudan mutuamente, según la actividad propia de cada miembro, recibe su crecimiento para ir edificándose en amor". Noten las frases, "crezcamos en todo en aquel" y "de quien todo el cuerpo". No debemos usar "Iglesia de Dios" o "Iglesia de Cristo" de tal manera que demos a entender que somos una comunidad más entre las muchas ya existentes. La iglesia es única y se levanta por sí misma. Tal vez esto no fue visto por los traductores de la Biblia; por eso no usaron las palabras *"asamblea"* o *"comunidad"* para traducir la palabra "ECLESSIA"; la cual indica que es la iglesia del incomparable y Eterno Dios.

*Relaciones mutuas, hermanos con hermanos.* Nuestra nueva relación con Cristo contrae una nueva relación entre los hombres. Todas las distinciones humanas: raza, color, idioma, origen, situación económica y patria desaparecen, todo eso queda anulado por el hecho de que en Cristo todo es nuevo. "Ya no hay judío ni griego, no hay esclavo ni libre; no hay varón ni mujer; porque todos vosotros sois uno en Cristo Jesús" (Gálatas 3:28). Colosenses 3:11 dice: "Donde no hay griego ni judío, circuncisión ni incircuncisión, bárbaro ni escita, siervo ni libre, sino que Cristo es el todo, y en todos". Y Romanos 10:12 dice: "Porque no hay diferencia entre judío y griego, pues el mismo que es Señor de todos, es rico para con todos los que le invocan". Ciertamente hay diferencias físicas entre judíos y griegos tanto en los libres como en los esclavos, pero interiormente no las hay. La hermandad mundial es el propósito de la iglesia. La Biblia considera a toda la humanidad como perteneciente a una sola familia.

El problema de las diferencias viene del pecado que separa al hombre de su Padre Celestial y divide a los hombres. Cristo vino a restaurar la relación, para que el hombre sea adoptado de nuevo en la familia de Dios. Vale la pena notar que al igual que en nuestra familia, no escogemos a nuestros hermanos; así es con la familia de Dios, no podemos decidir quién es nuestro hermano y quién no. La palabra comunión no es un verbo, no es algo que hagamos sino algo que tenemos. La hermandad y la comunión no se basan en el pobre juicio humano que tenemos de lo que es verdad y lo que es error. Como dice Karl Ketcherside: "Somos hermanos porque tenemos un mismo Padre, no porque tengamos las mismas opiniones".

*La responsabilidad de los miembros de la iglesia.* Cada miembro de la iglesia es una posesión sagrada. Siendo que el Señor es el que nos añade a la iglesia, ser, pues, miembro de ella no es cualquier cosa. Son grandes las responsabilidades que contrae esta nueva relación. Somos responsables por nuestra asistencia puntual y regular a la adoración. Nótese que los primeros cristianos "perseveraban en la doctrina de los apóstoles, en la comunión unos con otros, en el partimiento de pan y en las oraciones. . . Y perseverando unánimes cada día en el templo" (Hechos 2:42, 46, 47). La adoración es la vida del cristiano. Sin la adoración la iglesia no puede sobrevivir y sus miembros morirán.

La adoración en la iglesia primitiva iba acompañada del continuo testimonio; todos sentían la responsabilidad de proclamar las buenas nuevas. Algunos lo hacían en público, otros en privado, pero todos llevaban las buenas nuevas transformándose en evangelistas, ganadores de almas.

Junta con la responsabilidad de la adoración y el testimonio hay otras áreas de responsabilidad: benevolencia, administración de la iglesia, educación cristiana. Y tales cosas son obligación de todo miembro. La selección de líderes es una responsabilidad que no se debe tomar a la ligera. Todos los cristianos tienen la obligación de sostener económicamente los programas y el ministerio de la iglesia, tal y como los judíos sostenían con sus diezmos el sacerdocio del Antigua Testamento.

*Anulación del derecho de ser miembro.* ¿Se podrá revocar el derecho de ser miembro de la iglesia del Nuevo Testamento? La historia de Simón el Mago, que se encuentra en Hechos 8, responde de una manera clara a esto. Leyendo este pasaje nos damos cuenta de que si se convirtió en realidad; pues se nos dice que creyó y fue bautizado. Cristo prometió que el que creyere y fuere bautizado sería salvo. Ya que quien nos dice esto es un hombre inspirado por Dios, podemos decir con seguridad que Simón tuvo realmente fe en Cristo, fue salvado de sus pecados pasados y hecho cristiano; sin embargo, no pudo vencer al mundo; pues, viendo los dones y milagros que los apóstoles estaban prodigando a los líderes de la iglesia, quiso comprarlos. Pedro catalogó esto como un pecado grave y lo conminó a que se arrepintiera y orara para no verse condenado. Por lo visto aquí, es obvio que sí se puede perder el derecho de miembro una vez adquirido; pero también vemos la fórmula divina para lograr el perdón. No necesitan ser bautizados de nuevo, pero sí se les requiere arrepentirse y orar a Dios para ser reinstalados en y por Cristo.

*La disciplina en la iglesia.* ¿Tiene la iglesia el derecho de retirarle la comunión a un hermano que persiste en portarse de una manera vergonzosa y desordenada? El Nuevo Testamento indica que sí. Una congregación tiene ese derecho, pero lo debe ejercer con mucho cuidado. Por cierto, sólo un caso tenemos en el Nuevo Testamento de tal disciplina. En 1 Corintios 5 Pablo dice a la iglesia que "quite de en medio" a dicho miembro. ¿A qué se debe que este sea quitado de la comunión cuando hay otros que se emborrachan y otros fornican, y no son expulsados de la comunión fraternal? (1 Corintios 1:11; 5:1; 6:18). Una mirada a 1 Corintios 5:9-12 nos indicará que la persistencia en pecar es lo grave del asunto. Sólo cuando uno ha orado con amor y trabajado con alguien por un tiempo, se puede entender esta situación.

El propósito entonces de la disciplina no es preservar la pureza de la congregación sino salvar a la persona (1 Corintios 5:5). Se debe ejercer la disciplina con amor y misericordia. Véase que eso dio fruto; por lo leído en 2 Corintios 2:1-11. Otro pasaje que habla de lo mismo es 2 Tesalonicenses 3:6. Dos cosas debemos considerar cuando tratamos con este asunto: (1) excomulgar a grupos de personas no está en armonía con lo enseñado por el Nuevo Testamento. En el único ejemplo que tenemos de expulsión se trata de un solo individuo; y tal disciplina debe ser ejercida en casos extremos y, con eso y todo, debe hacerse con amor. (2) Lo que motive la disciplina debe ser la salvación de la persona. La necesidad de tal acción puede suceder, quizá, una vez en toda la vida; pero cuando suceda, la iglesia sabrá con exactitud lo que tiene que hacer.

# Los nombres para los miembros

*Varios nombres.* ¿Qué nombres o títulos usa el Nuevo Testamento para los miembros de la iglesia? Por la relación que tuvieron con el Señor, fueron conocidos como creyentes o discípulos. Por la relación que tenían unos con otros fueron llamados hermanos. Por la relación que tenían con el mundo fueron llamados santos. La palabra discípulo significa aprendiz, pupilo o seguidor. Todos los grandes filósofos tuvieron discípulos. Los judíos usaban también la palabra santos, que viene de la palabra santificar, muy usada en el Antiguo Testamento. Sin embargo, un nombre dado a las miembros de la iglesia era en verdad nuevo, conforme a la profecía de Isaías 62:2; 65:15. Tal nombre fue "cristiano" el cual fue distintivo de los que pertenecen a Cristo.

*Un nombre dado por Dios.* Dios declaró proféticamente que tal nombre sería dado a su pueblo. En Isaías 62:2 leemos la promesa: "Y te será dado un nombre nuevo, que la boca de Jehová nombrará». Isaías 65:15 dice: "Y Jehová el Señor te matará, y a sus siervos llamará por otro nombre". En Hechos 11:26 encontramos que "a los discípulos se les llamó cristianos por primera vez en Antioquía". Como dice C. J. Sharp: "Aquí aparece por primera vez el nombre escogido".

La palabra griega que usa hechos 11:26 para la palabra "llamar" no es "kaleo" que significa un llamamiento ordinario; sino "chrematitzo" que significa "divinamente llamado" o "llamado por voluntad de Dios". La profecía de Isaías se cumple cuando Dios llama a su pueblo "CRISTIANOS". Jesús oró: "Padre, a los que me has dado, guárdalos en tu nombre, para que sean uno, así como nosotros" (Juan 17:11). Santiago 2:7 dice: "¿No blasfeman ellos el buen nombre que fue invocado sabre vosotros?" Si ese nombre no incluía el nombre de Dios o de Cristo, ¿cómo puede ser blasfemado? En Apocalipsis 2:13 Jesús alaba a la iglesia de Pérgamo porque "retienes mi nombre".

*Un nombre que une.* ¿Qué valor tiene sustituir el nombre del pueblo o iglesia de Dios? Desde el principio de la iglesia, tal acción ha dividido a los creyentes en Cristo. Considere 1 Corintios 1:11-13. Con decir "soy cristiano" es más que suficiente. Añadir calificativos y nombres diferentes a los que Dios ha dado a su pueblo en la Biblia es perpetuar las divisiones. Si todos los que creen en Cristo llevaran sólo los nombres que Dios ha dado, sería un gran paso en la difícil empresa de la unidad cristiana.

***El mejor nombre.*** El significado especial del nombre "cristiano" se manifiesta en varios pasajes bíblicos: 1 Pedro 4:16: "Pero si alguno padece como cristiano, no se avergüence, sino glorifique a Dios por ello". Colosenses 3:17: "Y todo lo que hacéis, sea de palabra o, de hecho, hacedlo todo en el nombre del Señor Jesús, dando gracias a Dios el Padre por media de él". También los siguientes pasajes:

1. Su nombre es sabre todo nombre, Filipenses 2:9
2. Salvación sólo en su nombre, Hechos 4:12
3. Somos bautizados en su nombre, Hechos 2:38
4. Debemos orar en su nombre, Juan 14:13
5. Reunidos en su nombre somos bendecidos, Mateo 18:20
6. La unidad deber ser en su nombre, 1 Corintios 1:10-13
7. Los discípulos fueron llamados cristianos, Hechos 11:26
8. Su nombre estará en nuestra frente, Apocalipsis 22:4, 5

# Preguntas

1. ¿Qué relación existe entre los requisitos para la salvación y los requisitos para ser miembro de la iglesia tal como se encuentran en el Nuevo Testamento? _____

   _____

2. ¿Cuál es la primera conversión narrada en Hechos? ¿Cuál es la más corta? _____

3. ¿Cuántas conversiones se hallan en el libro de Hechos? _____

4. ¿Hay conversiones en otras partes del Nuevo Testamento? _____

5. ¿Qué nos enseña la historia de Simón el Mago en cuanto a pecar después del bautismo? _____

6. Narre brevemente la conversión de Saulo. _____

   _____

7. ¿Cuáles son algunas responsabilidades de los miembros de la iglesia?

   _____

8. Explique la relación que debe existir entre los miembros de la iglesia, y entre ellos y Cristo. _____

   _____

9. ¿Bajo qué circunstancias puede ser revocado el derecho de ser cristiano? ¿Cómo se puede adquirir otra vez? _____

   _____

10. ¿Cuál es el nombre dado por Dios para distinguir a sus seguidores?

    _____

Usado con permiso de: Mensajero Misionero.

# Capítulo seis

# La fe en la vida de la iglesia

*Hebreos 11; Romanos 10:4-17; Juan 20:26-31*

## El significado de la fe

*Los cristianos son creyentes.* El significado de fe en la vida de la iglesia puede observarse en el hecho de que el primer nombre que recibieron los seguidores de Cristo, y el más popular, fue el de "creyentes". Este nombre fue muy popular en el Nuevo Testamento y aparece muy seguido en Hechos y en las epístolas. El término no es tan efectivo ahora como lo fue antes; debido a que mucha gente se dice creyente, pero no se dice cristiana. Tal condición no existe en la Biblia. Tal vez la persecución sirvió para separar los que creían de los que decían que creían. En todo tiempo y en cualquier circunstancia el cristiano debe ser un creyente. De entre todos los requisitos la fe es el básico; preguntamos, entonces,
¿qué es fe? Esta pregunta no es fácil de contestar, y está encerrada en una ola de confusión. Algunos quieren hacer distinción entre fe y creer; otros quieren distinguir entre fe que salva y la simple fe. Ninguna de estas distinciones se halla en la Biblia. En el lenguaje del Nuevo Testamento uno es o creyente o incrédulo; según lo que decidiera ser, eso era lo que hacía diferencia en su vida. Al definir la fe debemos evitar los extremos; unos hacen de la fe sólo una aceptación mental de una proposición, mientras que otros hacen de ella una manifestación milagrosa de Dios.

La mejor definición de fe se encuentra en Hebreos 11:1: "Es la fe la certeza de lo que se espera, la convicción de lo que no se ve". La versión Americana dice: Ahora, fe es la sustancia de lo que se espera, la evidencia de lo que no se ve". La versión Santiago: "Fe significa poner toda nuestra confianza en lo que esperamos; significa estar seguro de lo que no podemos ver".

La fe ha sido definida como confianza o seguridad. Las citas siguientes son descripciones de la fe y no definiciones. San Agustín escribió: "¿Qué es fe? Ser salvo para creer lo que no se ve". Tomás de Aquino: "Fe tiene que ver con cosas que no vemos, y esperar cosas que no están a la mano:' Calvino describió la fe como "conocimiento de la bondad de Dios hacia nosotros, y una cierta persuasión de su veracidad". Pascal dijo: "La fe afirma lo que los sentidos no pueden afirmar, pero no está en contra de lo que los sentidos perciben; la fe está sobre todos los sentidos, pero no contra ellos". Wordsworth describe al creyente como: "Uno en quien la persuasión y la creencia han brotado en forma de fe, la cual se ha transformado en una apasionada practica".

Quizá la manera más fácil de definir la fe es empezar con lo que no es. La fe es menor que el conocimiento; pues cuando tratamos de expresar nuestra fe firme en algo, decimos "yo sé", pero es sólo una manera de enfatizar nuestra fe. La fe es más que una superstición, no es una simple adivinanza. La fe en Dios no es comparable con traer una pata de conejo, o clavar una herradura en la puerta, o encontrar un trébol de "cuatro hojas". La fe puede colocarse entre la suposición y el conocimiento; en un lugar entre la superstición y la experiencia actual. Podemos decir que fe es la convicción basada en hechos pero que va más allá de los hechos. Es un hecho que la fe se proyecta muchas veces sobre áreas donde tanto los hechos y el conocimiento empírico no pueden existir. He aquí una ilustración muy simple: yo tengo fe en un amigo, él me dice algo que no puedo corroborar, y le creo; le creo porque siempre me ha dicho la verdad, y nunca he sabido que me mienta. Esta es exactamente la posición de la fe cristiana; nadie puede corroborar la historia de la creación, no se pueden reunir datos que nos den un conocimiento absoluto de lo que ocurrió, pero habiendo encontrado que la Biblia encierra la verdad en cuanto a áreas que han sido comprobadas por la historia secular, por la ciencia o por otras disciplinas del saber humano; nuestra fe nos dice que podemos confiar también en esas áreas cuya corroboración es imposible.

# La fuente de la fe

*Viene por el oír.* Romanos 10:17 dice: "Así que la fe es por el oír, y el oír por la palabra de Dios". Es extraño que el hombre haya pasado por alto este pasaje importante. La fuente de la fe ha sido definida de diferentes formas; hay las que dicen que la fe es un accidente de la vida, que si uno ha crecido en una familia religiosa o puesto en un medio favorable a la fe cristiana, uno tendrá conocimiento automáticamente; otros creen que la fe viene por predestinación, que Dios ha predestinado para la eternidad quién será salvo y quién se perderá; que la fe es un milagro que Dios ha generado en unos corazones y en otros no. Hay las que niegan esta predestinación, pero aún ven la fe como una dádiva milagrosa de Dios. Dwight L. Moody dijo una vez, que por años él había orado por más fe; hasta que un día leyó Romanos 10:17 y descubrió que la fe viene por el oír, y el oír por la palabra de Dios. Es cierto que el padre de un joven enfermo dijo a Jesús "ayuda mi incredulidad". Aunque no hay nada de especial en esta petición; no se puede justificar con ella que la fe venga por medio de la oración. El hombre ya le había declarado que creía (Marcos 9:24). La fe viene por oír la Palabra de Dios, ya sea predicada, leída o por conversación. Juan 20:31 lo aclara de manera sin igual: "estas se han escrito para que creáis".

Decir que la fe viene por el oír es otra manera de decir que la fe es un asunto de decisión propia y voluntaria. El hombre escoge creer o no creer; si no fuera así, ¿cómo podría Cristo condenarlo por su incredulidad? Y vaya que lo hizo en Marcos 16:14 "Y le reprochó su incredulidad". Entonces, es claro que el hombre es responsable en cuanto a creer. Estudie 2 Tesalonicenses 2:12; Judas 5; 1 Juan 3:23; 2 Timoteo 3:8; Romanos 1:28; 10:14 los cuales tienen conexión con este asunto.

Si comparamos Romanos 10:17 y Mateo 13:15 veremos que oír significa más que el simple oír; más que solamente vernos a la luz de las Escrituras. No todos los estudiosos de la Biblia son creyentes. Muchos tienen oídos y no oyen; tienen ojos y no ven. Compárese Apocalipsis 2:7, 17, 29; 3:6, 13, 22. Cuando los hombres quieren oír la palabra de Dios, y lo hacen con una mente abierta, son, entonces, guiados a la fe.

*Una fe creciente.* No debemos pensar en la fe como alga que paraliza. La fe crece con nuestro conocimiento de la Biblia y cuando nuestra experiencia con Dios se incrementa. Por eso es necesario aclarar este asunto: ¿dónde empieza la fe? La fe principia cuando se cree en Dios como el Supremo Creador y que es un Padre Amoroso. El siguiente paso es tener fe en Jesús como el Cristo y el Unigénito del Padre. Entonces nuestra fe en la eficacia de la oración, el evangelio, la omnipotencia de Dios y la sabiduría de su voluntad para nuestra vida crecerá grandemente.

Nos mantenemos creciendo en la fe a través de la lectura continua de la Biblia, cuando hablamos con Dios en oración y sirviéndole diariamente. La fe, como todo lo que vive, puede crecer o morir. La cantidad de fe que tengamos puede aumentar o disminuir cada día.

## El alcance de la fe

*Una fe definida.* La respuesta más simple para la pregunta "¿qué tengo que creer para ser cristiano?" es: debe creer que el Cristo histórico es el Cristo profetizado, el Hijo de Dios; que el hombre de Nazaret es el Mesías, el ungido de Dios. Tal declaración revela fe en Dios. Hebreos 11:6 es la base "porque es necesario que el que se acerca a Dios crea que le hay, y que es galardonador de los que buscan". Tal fe en Dios se encuentra en la declaración de Felipe cuando el eunuco le preguntó: "¿que impide que yo sea bautizado?", al contestarle: "si crees de todo corazón, bien puedes". Para saber en que debía creer, el siguiente versículo nos da la respuesta "Creo que Jesucristo es el Hijo de Dios". La naturaleza de la fe está centrada en la naturaleza de Jesús. Por eso, Jesús preguntó: "¿quién dicen los hombres que es el Hijo del Hombre?" Por esta razón se gozó al oír la respuesta de Pedro: "Tu eres el Cristo, el Hijo del Dios viviente".

Es importante definir algunos términos; la palabra CRISTO es el equivalente de la palabra hebrea MESÍAS y significa "EL UNGIDO DE DIOS". Así que la persona de Jesús está íntimamente relacionada con las profecías que el Antiguo Testamento hizo acerca de él; y uno debe creer que Jesús es el cumplimiento de todos los sueños y esperanzas de Israel; y que él es aquel de quien hablaron los profetas. Todo lo que ellos escribieron de él puede ser resumido en la palabra CRISTO. Hay mucho significado al decir: "Jesús es el Cristo". Jesús estaba interesado en lo que los hombres pensaban en cuanto a su origen. Mateo 22:42 es más específico que Mateo 16:18, 19: "¿qué pensáis del Cristo? ¿de quién es hijo? La fe principia cuando creemos en Cristo como el único Hijo de Dios. La fe cristiana demanda que rechacemos los rumores de su tiempo y del nuestro, de que el Cristo es el hijo ilegítimo de José o de algún otro hombre. El nacimiento virginal ocupa un lugar estratégico en la fe.

No sería prudente decir cuál es el mínimo de fe que debemos tener. No preguntemos cuánto es lo menos que podemos creer y continuar siendo salvos; sin embargo, por la Biblia sabemos que hay un detalle específico que debemos creer: "Que, si confesares con tu boca que Jesús es el Señor, y creyeres en tu corazón que Dios le levantó de los muertos, serás salvo" (Romanos 10:9). Hay muchos que están dispuestos a confesar a Jesús como el Señor, pero tienen sus reservas en cuanto a su resurrección. Mientras no cambien su concepto, no pueden ser salvos. La resurrección de Cristo ocupa una posición clave en la religión cristiana. Se debe creer que Dios resucitó a Cristo.

¿Qué tan esencial es la fe? Compárese Marcos 16:15, 16; Hechos 16:31; Efesios 2:8, 9. En estos pasajes vemos lo que es obvio: "sin fe es imposible agradar a Dios" (Hebreos 11:6).

*Una fe motivadora.* La relación entre la fe y la vida es clara. Decimos de alguien que vive rectamente, que está lleno de fe. La fe es la fuente para una vida cristiana, de ella manan las virtudes cristianas y la obediencia. La fe motivó que la gente exclamara en el Pentecostés: "Varones hermanos, ¿qué haremos?" La fe guio al carcelero de Filipos a lavar las heridas a Pablo y a Silas; y después ser bautizado. La fe motivó a los primeros cristianos a vender sus propiedades para que la iglesia tuviera fondos económicos. La fe motivó a los hombres a dejar su vida de pecado y abrazar la vida austera del cristiano.

Son muchas las ilustraciones que encontramos de la fe motivadora; y el capítulo 11 de Hebreos es una larga lista de ellas. Principiando con Noé y Abraham, y así sigue por toda la historia de Israel. Ya sea que pensemos en la labor de un cristiano, o de cómo evitar la tentación, la fe es la respuesta. Sicólogos religiosos modernos han usado esta verdad para ayudar a mucha gente. Aunque algunas veces han despojado a la verdad de su verdadero significado y su genuino poder. Incluye más que tener fe en uno mismo, en el futuro o en la democracia. Toda eso está bien pero solamente la fe en Cristo y su palabra pueden motivarnos a ser cristianos. La fe motivadora se eleva sobre el mero optimismo o confianza en sí mismo. Poner nuestra confianza solamente en Dios y en Cristo nuestro Salvador y no en nosotros mismos o en el hombre.

***Una fe confesada.*** Nuestra fe es algo que no nos deja estar callados. Los primeros cristianos testificaban constantemente; no eran detenidos por las pedradas, ni las cárceles ni la muerte. Muchas veces pensamos que la confesión es hecha una sola vez en la vida. La Biblia dice que es algo que continúa por toda la vida. Al hombre que viene al bautismo se le pide que declare su fe; tal como lo hizo el eunuco en Hechos 8; pero esta confesión formal es sólo el principio de una vida continua de testimonio de lo que uno cree de Cristo.

Notemos que, al venir en busca del perdón de pecados, uno confiesa a su Salvador y no sus pecados. De que hay valor en la confesión de pecados, sí lo hay; y el Nuevo Testamento lo menciona cuando menos dos veces. Santiago 5:16 dice que debemos confesarnos nuestras faltas unos a los otros; pero esto no implica una recitación pública de nuestras faltas, ni que vayamos con cualquier practicante religioso. De esto no hay precedente en el Nuevo Testamento. Tal proceder no es implicado tampoco en lo que dice 1 Juan 1:9; donde nos instruye a reconocer nuestros pecados. Lo claro de todo esto es que confesemos nuestros pecados a Cristo, quien es el único que puede perdonárnoslos.

Sin embargo, hay un amplio precedente en el Nuevo Testamento para que confesemos a Cristo. Hay testimonios de confesiones: Pedro, Marta, el eunuco. También Cristo y Timoteo hicieron tal confesión (1 Timoteo 6:12, 13). En Mateo 10:32, 33 se ve la importancia de confesar a Cristo (Romanos 10:9, 10; 1 Juan 4:15). Aunque la Biblia no nos da las palabras específicas, la confesión que debemos usar, estamos seguros de que no está fuera de lugar pedir al que viene a Cristo haga su confesión o profesión de fe.

El término *"confesión de fe"* es usada en el mundo "cristiano" para describir un grupo de doctrinas que son aceptadas. Muchas denominaciones son gobernadas por esas confesiones. Imponer sobre los hombres cualquier credo o declaración de fe humanos es apartarse de la voluntad de Dios. Dios nos ha dado la Biblia para todo buen propósito y por medio de ella estamos preparados para toda buena obra (2 Timoteo 3:16, 17). El hombre no necesita otra autoridad o credo. Los humanos tienen el derecho de componer y ofrecer al mundo un resumen de la religión cristiana, tal como la ven; pero nadie tiene el derecho de imponerlo sobre la conciencia de nadie.

# Preguntas

1. ¿Cuál fue el nombre más popular para los seguidores de Cristo?

   _____

2. ¿Cómo podemos definir la fe? _____

   _____

3. ¿Cuál es la fuente de la fe? _____

4. ¿Cuál es la confesión hecha por el eunuco en Hechos 8? _____

   _____

5. ¿Qué significa la palabra "cristo"?_____

6. ¿Cuál evento relacionado con el ministerio de Cristo es parte esencial de la fe? _____

7. Explique la relación entre la fe y los problemas diarios. _____

   _____

   _____

8. ¿Por qué confesamos a nuestro Salvador y no nuestros pecados? _____

   _____

9. ¿Qué importancia da el Nuevo Testamento a la confesión de fe?

   _____

10. Explique la diferencia que hay entre el uso que la Biblia hace de la fe y la forma en que la usan las denominaciones. _____

    _____

    _____

    _____

# Capítulo siete

# El arrepentimiento en la vida de la iglesia

*Lucas 13:1-5; 3:7-18; Apocalipsis 2:5; 16:22; Hechos 17:29-31*

## Bases bíblicas para el arrepentimiento

"Así dice Jehová el Señor: Convertíos y volveos de vuestros ídolos, y apartad vuestro rostro de todas vuestras transgresiones y no os será la iniquidad causa de ruina" (Ezequiel 14:6; 18:30). Con estas palabras Ezequiel se dirige a Israel. Jeremías 25:5 lo hace de la siguiente manera: "Volveos ahora de vuestro mal camino y de la maldad de vuestras obras y moraréis en la tierra que os dio Jehová a vosotros y a vuestros padres para siempre". "Haced, pues, frutos dignos de arrepentimiento" (Mateo 3:8), fueron las palabras con que dio principio su ministerio Juan el Bautista. "Antes, si no os arrepentís, todos pereceréis igualmente" (Lucas 13:3), son palabras de Jesús. Y Pablo dice: "Dios . . . manda a todos los hombres en todo lugar que se arrepientan" (Hechos 17:30).

Es fácil ver qué lugar tan importante ocupa el arrepentimiento en la Biblia. La palabra aparece 110 veces, aunque no con el mismo significado. Si se tuviera que elegir una palabra para resumir el mensaje de Dios en ambos testamentos, ésta sería "arrepentimiento". Tanto profetas como apóstoles, desde el principio hasta el final de la Biblia, estuvieron preocupados porque el hombre se tornara a Dios.

*El arrepentimiento en el Antiguo Testamento.* El arrepentimiento aparece muchas veces en el Antiguo Testamento. Oseas, Ezequiel y Job tuvieron algo qué decir al respecto. El arrepentimiento fue predicado al pueblo de Israel desde diferentes aspectos por Jeremías, Joel, Amós, Jonás

60

y Zacarías. Este es el mensaje de los profetas a sus contemporáneos: que dejaran sus malos caminos y sirvieran a Dios. Las primeras veces que aparece la palabra arrepentimiento, es en cuanto a los tratos que hace Dios con los hombres. Cuando la Biblia dice que Dios se arrepintió, se aplica a un sentido distinto a cuando el hombre se arrepiente. Atribuir emociones humanas a Dios está tan fuera de lugar como atribuirle características humanas. No debemos alarmarnos cuando dice: "Y se arrepintió Dios". En estos casos los atributos humanos son usados para ilustrar una idea difícil de explicar. Dios no se arrepiente en el mismo sentido en que el hombre lo hace; y Dios no tiene un brazo como el de los hombres.

***Los términos hebreos usados.*** Hay dos términos en el Antiguo Testamento que expresan ideas asociadas con el arrepentimiento. El que es más usado para dar la idea de arrepentimiento significa gemir, expresar su dolor con sonidos quejumbrosos. Aunque tristeza y pena están asociadas con el arrepentimiento, ayudan; si bien, no son idénticas a la palabra arrepentimiento que usa la Biblia. El primer libro de Samuel 15:29 declara que "Dios no es hombre para que se arrepienta". Dios puede sentir pena, pero no puede arrepentirse como el hombre, y cambiar de mente y conducta.

Esta idea de cambio de mente o de conducta es expresada por otra palabra del Antiguo Testamento; la cual es traducida comúnmente "volver o retornar", e indica la idea de arrepentimiento como se usa hoy en día. Esto es algo que Dios no hace, y que el hombre debe hacer. Eso era lo que los profetas conminaban a la gente que hiciera: "Volveos de vuestros malos caminos". Cuando la gente no se arrepentía, la aflicción se abatía sobre Israel; de tal manera que fue castigado por medio de otras naciones, su tierra fue desolada y sus habitantes exiliados. Los profetas les advirtieron de todas estas calamidades a fin de que se volviesen a Dios.

***El arrepentimiento en la predicación de Juan el Bautista.*** El predecesor de Cristo basó su predicación en el arrepentimiento. Cuando predicó a las multitudes en los desérticos valles del Jordán los urgía a que se arrepintieran. Cuando se le concedió audiencia ante el rey Herodes, lo acusó de tomar por esposa a la mujer de su hermano, y lo invitó a arrepentirse. La predicación de este hombre valiente y noble fue clara y directa. "Generación de víboras", llamó a su audiencia. Les minimizó el orgullo de ser hijos de Abraham, y los invitó a la obediencia y a tener una fe personal. Les declaró que tener esa nacionalidad no era sustituto de la fe en Dios. Sus sermones conllevaban una nota de urgencia: "El reino de los cielos se ha acercado", "el hacha esta puesta a la raíz de los árboles" y "su aventador está en sus manos". Siempre estaba diciendo: "Algo va a pasar, y deben estar preparados para ello". La predicación del arrepentimiento preparó el camino para el Señor; y esa misma predicación preparará el camino para que venga otra vez.

*El arrepentimiento y la predicación de Jesús.* El programa de Jesús fue mucho más amplio que el de Juan. El ministerio de Juan fue preparatorio para la venida de Cristo; mientras que el de Cristo consideraba su futuro reinado.

Así que el arrepentimiento no ocupó mucho lugar en el ministerio de Cristo como en el de Juan; pues, tanto en sus sermones como en sus enseñanzas privadas, Cristo tenía que abarcar numerosos aspectos de la conducta cristiana. De todos modos, habló mucho del arrepentimiento; pues principió su ministerio con el refrán de Juan: "Arrepentíos, porque el reino de los cielos se ha acercado". Al mencionar su propósito dijo que vino a llamar a los pecadores al arrepentimiento. Los doce, que fueron enviados de dos en dos, predicaban el arrepentimiento. En Lucas 13:3-5 Jesús hace un llamado impresionante al arrepentimiento.

Las parábolas del rico y Lázaro, la oveja perdida, la moneda perdida y el hijo pródigo están ligadas directa o indirectamente con el arrepentimiento. Después de su resurrección, en el camino a Emaús, Jesús declaró que el arrepentimiento seguiría siendo predicado por los testigos que pronto iba a enviar a todas las naciones.

## El significado del arrepentimiento

El arrepentimiento se relaciona con el intelecto. Dos palabras diferentes pero relacionadas una con la otra es traducidas "arrepentimiento" en el Nuevo Testamento. Una de ellas significa "pensar diferente", "reconsiderar", e implica un cambio de nuestro pensamiento. Lo que antes era incredulidad se convierte en fe; lo que era negativo se torna en positivo. El arrepentimiento bíblico incluye un cambio en lo que creemos de Dios, de Cristo, del pecado y de nosotros mismos; y está relacionado con la "renovación del entendimiento" de Romanos 12:2. Juan el Bautista usó esa palabra con este sentido, al igual que Jesús y Pedro en Mateo 3:2; Marcos 1:15 y Hechos 2:38. La palabra "arrepentimiento" es ligada muy a menudo con el bautismo; pues este es la manifestación exterior y aquél es la manifestación interior de la salvación. Véanse Marcos 1:4; Lucas 3:3; Hechos 13:24; 19:4.

*El arrepentimiento incluye las emociones.* Se debe enfatizar que el arrepentimiento es más que tristeza por el pecado; sin embargo, va muy íntimamente ligado con las emociones: "Porque la tristeza que es según Dios produce arrepentimiento" (2 Corintios 7:9, 10). La tristeza es la semilla del arrepentimiento y no la esencia de este. La segunda palabra griega que se traduce "arrepentimiento" significa "tener cuidado en el futuro", "sentirlo". Se puede traducir también "estar preocupado"; de tal manera que se puede decir que envuelve un cambio de corazón y de mente: lo que una vez amamos, hoy lo odiamos; y lo que odiamos antes ahora lo amamos. El cambio de corazón motivado por el arrepentimiento tiene un gran impacto en el recién convertido, al grado de confundir el arrepentimiento con todo el proceso de la conversión. Tanto su mente como su corazón estaban turbados en cuanto al pecado y el Salvador; pero eso ya no existe más. Que el asunto quede claro en su mente y corazón no significa que ya todo este arreglado con Dios; y la Escritura no garantiza tal pensamiento. Por más importancia que se le conceda al arrepentimiento, no puede abarcar en sí todo el proceso de salvación. Un análisis de la Escritura nos mostrará que el bautismo está íntimamente ligado con el perdón (Hechos 22:16; 1 Pedro 3:21). En un sermón predicado hace muchos años por el señor J. S. Sweeney se señaló que hay una gran diferencia entre "conversión", como se usa popularmente, y "perdón". La conversión se realiza en el pecador, y el perdón en el corazón y en la mente de Dios. Los dos están unidos fuertemente pero no son idénticos. El arrepentimiento con su fuerte impacto emocional es un paso importante para el perdón.

*El arrepentimiento incluye la voluntad.* Un tercer sentido en cuanto al arrepentimiento se encuentra en las palabras "convertir" o "volver a" de Hechos 9:35; 14:15; 11:21; 26:20; 1 Tesalonicenses 1:9. Dos veces se traduce "volver" en Mateo 18:3 y Juan 12:14. El verdadero arrepentimiento incluye la determinación de hacer la voluntad de Dios; y está unido a la definición de cambiar de dirección en la vida. Es un error ver el arrepentimiento como un periodo de prueba, donde uno trata de vivir la vida cristiana, para ver si uno puede con ella. El arrepentimiento puede tomar un momento, pero su efecto debe durar toda la vida. Conlleva una decisión firme que lleva a cabo la voluntad, basada en los pensamientos y emociones de un corazón y una mente transformados, y su resultado es un cambio de vida.

## Los aspectos del arrepentimiento

*Un término que abarca mucho.* La palabra "arrepentimiento" es muy amplia y abarca mucho. Su significado es bien expresado por Byron DeMent, como: "Una conciencia de pobreza de espíritu que destrona al orgullo; un sentimiento de falta de valor personal que produce una pena, una voluntad de someterse a Dios en humildad genuina".

*Arrepentimiento del pecado.* El arrepentimiento tiene dos aspectos: el primero incluye dar la espalda al pecado y al mundo, estar triste porque se anduvo un tiempo por los caminos pecaminosos; y segundo, saber que hay un camino mejor, y estar decidido a no volver a la vida antigua. Tan completa es la decisión de dejar el pecado, que la Biblia la llama "matar al hombre viejo".

*Arrepentimiento hacia Dios.* Cuando un hombre vuelve a Dios, da la espalda al pecado al mismo tiempo. Mira al cielo, hacia el camino de la nueva vida que Cristo le da. En Hechos 20:21 leemos que Pablo, habla del "arrepentimiento hacia Dios". El hombre se abstiene de ver algo para observar algo nuevo y mejor; deja atrás sus pecados para encontrar a su Salvador. Muchos han identificado el arrepentimiento con el término militar de ¡MEDIA VUELTA, Y EN MARCHA!

## Arrepentimiento y conversión

*Requisito para el bautismo.* Hechos 2:38 señala que el arrepentimiento es necesario antes de que se efectúe el bautismo: "Arrepentíos y bautícese cada uno de vosotros en el nombre de Jesucristo para perdón de los pecados; y recibiréis el don del Espíritu Santo". En el relato del carcelero de Filipos notamos el arrepentimiento cuando les lavó las heridas. El arrepentimiento de Pablo se manifestó por su ayuno y oración de tres días. Quizá cada convertido manifieste su arrepentimiento de diferente manera, pero todos deben arrepentirse antes de ser bautizados, conforme a las Escrituras. Julius R. Matey dice: "El hecho de que el bautismo era considerado antiguamente como una confesión pública de fe, hace difícil que alguien no arrepentido quiera ser bautizado".

*Arrepentimiento y fe.* El orden en que ocurren la fe y el arrepentimiento ha sido debatido. Algunos han dicho que uno debe arrepentirse de su incredulidad primero para que venga la fe. Otros dicen que, si uno no cree primero, ¿Como se puede arrepentir? ¿Sobre qué base descansará su cambio de mente y de corazón si no es sobre la fe? Notemos en Hechos 11:21: "Un gran número de los que creyeron se convirtieron al Señor". La fe es primero, luego convertirse y volverse al Señor. Hecho esto no hay razón para discutir. Sería un error separar la fe del arrepentimiento. Los dos se mezclan e interactúan. Mientras más creemos más profundo es nuestro arrepentimiento; tanto más ferviente sea nuestro arrepentimiento, tanto más firme será nuestra fe.

*Una acción continúa.* Sería un grave error pensar que el arrepentimiento ocurre una sola vez en la vida, cuando respondemos al evangelio. En la Biblia se ve como una necesidad continua, una acción que tendrá lugar frecuentemente en la vida del cristiano. Notamos en Hechos 8 que el remedio para cuando uno peca después de ser bautizado es el arrepentimiento y la oración. El cristiano que está alerta a lo que pasa en su alma, verá diariamente la necesidad del arrepentimiento. Esta actitud hace que la oración sea efectiva y significativa. Tal vez haya ocasiones en que la experiencia del arrepentimiento sea más profunda que en otras; pero en cada circunstancia de la vida, el hombre debe recordar lo aparatoso de caer en el pecado, llenarse de remordimiento por lo malo que ha hecho y seguir firme en los caminos de Dios.

# Preguntas

1. ¿Qué lugar ocupaba el arrepentimiento en el Antiguo Testamento?

   _____

2. Explique los dos términos del Antiguo Testamento que significan lo mismo que nuestra palabra arrepentimiento. _____

   _____

   _____

3. Explique la relación del arrepentimiento con los ministerios de Juan y de Jesús. _____

   _____

4. Explique las tres palabras del Nuevo Testamento que se asocian con arrepentimiento. Demuestre como se usan el intelecto, las emociones y la voluntad. _____

   _____

   _____

5. ¿De qué se arrepiente uno? ¿Hacia quién vuelve el arrepentido?

   _____

6. ¿Qué relación hay entre arrepentimiento y bautismo? _____

   _____

7. ¿Qué importancia ocupa el arrepentimiento en la conversión? _____

   _____

8. ¿Por qué se malentiende muchas veces el arrepentimiento? _____

   _____

9. Explique, ¿el arrepentimiento se manifiesta solamente en la conversión? _____

   _____

Nota: tomado de *The International Standard Bible Encyclopedia*, volumen 4. Usado con permiso de The Wm. B. Berdmans Publishing Co.

# Capítulo ocho

# El bautismo en la vida de la iglesia

*Hechos 8:26-39; Romanos 6:1-7; Mateo 18:19, 20; Marcos 16:15, 16*

## Ceremonia de iniciación

*Bautizados en (para entrar en) Cristo.* Ser cristiano y ser salvo del pecado significa estar en Cristo. Nadie se puede salvar fuera de Cristo. La Biblia nos enseña que el pecador es bautizado en Cristo. Esto no quiere decir que el bautismo, por sí solo, puede salvar; sin fe el bautismo carece de significado y valor (Hechos 8:36, 37). Sin arrepentimiento el bautismo es invalido (Hechos 2:38). Cuando se han dado estos pasos, el candidato está preparado en su corazón por la fe, y en su vida por el arrepentimiento. Entonces, el bautismo marca la iniciación en Cristo. Esto dice Pablo en Gálatas 3:27: "Porque todos los que habéis sido bautizados en Cristo, de Cristo estáis revestidos". El acto sagrado del bautismo no debe ser tomado como sólo una ceremonia o puro formulismo. Las ceremonias marcan los puntos decisivos en la vida del hombre. La ceremonia matrimonial lo cambia a uno de la soltería al estado de casado. La ceremonia de naturalización le cambia a uno su estado de extranjero a ciudadano. La ceremonia del bautismo marca el cambio de pecador a cristiano. El que viene a la ceremonia matrimonial viene preparado con amor; el que asiste a la de naturalización viene con conocimiento; y el que viene a la del bautismo estará preparado con fe y arrepentimiento. El que tal hace es introducido formalmente en el reino de Dios, en la iglesia de Jesucristo.

*Bautizados en su muerte.* Estudie cuidadosamente Romanos 6:1-7 y considere estos hechos: Somos salvos por la sangre de Cristo; y esto lo enseña la Biblia. En este punto están de acuerdos todos los que se dicen cristianos. ¿Cuándo se derramó la sangre de Cristo? No tenemos noticia de que haya sangrado durante su vida; sólo en su muerte. Ser bautizados en la muerte de Cristo es tener contacto con su sangre. Es lo que Ananías dijo a Pablo: "Levántate y bautízate, y lava tus pecados, invocando su nombre" (Hechos 22:16).

Si ponemos cuidado a estos versículos, veremos que el bautismo tiene una doble idea. No sólo envuelve la muerte de Cristo, sino también la nuestra. El viejo hombre es crucificado, y el bautismo es su sepultura; y en su lugar resucita una nueva criatura. Envuelve tanto nuestra muerte al pecado como la muerte de Cristo por el pecado. Karl Barth dice que, así como la circuncisión amenaza la vida, y como el bautismo de Israel en el mar Rojo puso en juego su vida (1 Corintios 10:1, 2), así en el bautismo el hombre se acerca a la muerte, lo cual significa la verdadera muerte del hombre de pecado.

***Bautizados en su sangre.*** Una de las tragedias de los tiempos modernos es que el hombre en su pensamiento ha separado a Cristo de su cuerpo, la iglesia. En el Nuevo Testamento estar en Cristo era estar en su cuerpo. Por eso la Biblia no sólo dice que somos bautizados en Cristo, sino también en su iglesia. En 1 Corintios 12:13 dice: "Porque por un solo Espíritu fuimos todos bautizados en un cuerpo". Así que, el paso final para ser miembro de la iglesia es el bautismo. Ser bautizado bíblicamente es venir dentro de Cristo, dentro de su muerte, dentro de su cuerpo, la iglesia.

## ¿Cuál bautismo?

***Varios usos de la palabra.*** La palabra bautismo es usada en más de una forma en el Nuevo Testamento. Hay el bautismo del Espíritu Santo, bautismo de fuego, bautismo de sufrimiento y bautismo de agua. Si el bautismo es tan importante para nosotros, si es el paso final para alcanzar a Cristo y para ser parte de su cuerpo, la iglesia, es necesario que sepamos a cuál bautismo nos referimos.

***Se ordeno que el hombre lo administrara.*** Si estudiamos mejor estos bautismos, veremos que sólo hay uno que el hombre puede administrar. Sólo el Señor puede bautizar con el Espíritu Santo (Juan 1:33; Mateo 3:11). Sólo el Señor puede bautizar con fuego. En Mateo 20:22, 23 y

Lucas 12:50 vemos el bautismo de sufrimiento, el cual es administrado por los enemigos y perseguidores del evangelio y la iglesia. Cuando Jesús nos ordena bautizar (Mateo 28:19, 20) obviamente se refiere al bautismo con agua. Así que los cristianos tienen la orden de administrar el bautismo en agua solamente.

*Se ordenó que el hombre lo recibiera.* El hombre recibió no sólo la orden de bautizar sino también la de ser bautizado. Siendo que el Señor dio el bautismo del Espíritu Santo, y dará también el bautismo de fuego, el hombre no tiene el derecho de decidir a quién darlo; sólo él. Sin embargo, si se le dio la prerrogativa para el bautismo en agua. El bautismo de sufrimiento es administrado por los enemigos de Dios; por tanto, no se puede ordenar a ningún hombre que lo administre o que lo reciba. Así que, cuando Cristo ordenó el bautismo en Marcos 16:15, 16, no existió duda en cuanto a cuál bautismo de refería. El hombre ha recibido la orden de administrar y recibir únicamente el bautismo en agua.

*Ejemplo y precedente.* Está plenamente comprobado, tanto por ejemplo como por precedente hallados en el Nuevo Testamento, que el bautismo en agua nos lleva a Cristo. "Aquí hay agua, ¿qué impide que yo sea bautizado? (Hechos 8:36). "Como Cristo amó a la iglesia y se entregó a si mismo por ella, para santificarla, habiéndola purificado en el lavamiento del agua por la palabra" (Efesios 5:25, 26). ¿Puede, acaso, alguno impedir el agua, para que no sean bautizados estos? (Hechos 10:47). Hebreos 10:22 habla de lavados los cuerpos con agua pura. 1 Pedro 3:20, 21 dice "En la cual pocas personas, es decir, ocho, fueron salvadas por agua. El bautismo que corresponde a esto ahora nos salva". Cristo dijo que para que un hombre renaciera tenía que nacer del agua y del Espíritu (Juan 3:5). Un sinónimo del término "nacer de nuevo" es usado en Tito 3:5, al mencionar que Dios nos salva "por el lavamiento de la regeneración".

## Un bautismo

*¿Se contradice la Escritura?* Hemos visto que en el Nuevo Testamento hay por lo menos cuatro bautismos. ¿Qué es lo que Pablo quiere decir en Efesios 4:5 donde menciona "un bautismo"? ¿Es una contradicción? De ninguna manera. Pablo dice lo mismo que hemos estado diciendo: Hay

un sólo bautismo que se nos ordena recibir. Los otros bautismos están fuera de nuestro alcance o voluntad.

*¿Un bautismo o tres?* Apenas empezamos a definir el bautismo bíblico, a pesar de que ya hemos vista que Efesios 4:5 se refiere al bautismo en agua. Por muchísimos años el mundo religioso ha practicado, cuando menos, tres ceremonias distintas que llaman "bautismo". Algunas denominaciones aceptan una; otras, otra; y algunas, las tres. Si queremos ser bíblicos en toda la extensión de la palabra, debemos descubrir ¿a cuál bautismo se refiere Pablo cuando dice: *"un bautismo"*; *cuál* de los tres tenía en mente Cristo cuando dio la orden; y cuál de los tres, podremos decir, sin lugar a duda, que es el bautismo bíblico?

## Bautismo por sepultura

*El bautismo como símbolo de la muerte.* Primero preguntaremos si el rociamiento o el verter agua caben en la figura que Pablo usa en Romanos 6:1-5. Por lo leído aquí sabemos que somos sepultados con Cristo en el bautismo; ¿se estará refiriendo a la forma de llevar a cabo una sepultura? Probablemente no, pero está diciendo que el bautismo significa la muerte (v. 3), la sepultura (v. 4) y la resurrección de Cristo (vv. 4, 5). En la inmersión hay una semejanza de la muerte: los ojos se cierran, como en la muerte; la respiración se detiene, como en la muerte; el candidato está en las manos del administrador. No sólo parece estar muerto, sino que está cerca de serlo; como los israelitas cuando fueron bautizados bajo la nube en medio del mar (1 Corintios 10:1, 2). No hay nada parecido al rociamiento ni al verter agua. Sólo la inmersión se puede comparar con la muerte.

*Un símbolo de la sepultura y la resurrección.* La inmersión simboliza el entierro y la resurrección, debido a la manera de efectuar el bautismo. El bautismo se parece mucho a una resurrección porque el candidato vuelve a respirar, abre sus ojos y sale del lugar del bautismo. Nadie puede negar que la muerte, la sepultura y la resurrección de Cristo son los puntos cardinales del evangelio; y siendo el bautismo un claro símbolo de ellos; no cabe duda de que la inmersión se apega perfectamente a esa figura. Un símbolo debe parecerse a lo que simboliza. El Señor escogió el fruto de la vid y los panes sin levadura como símbolos de su cuerpo y de su sangre; pues parecen sangre y cuerpo. Si no lo parecieran, no podrían ser símbolos. En un comentario bajo Romanos 6:3 de la traducción oficial de la Iglesia Católica Romana se hace alusión al bautismo como símbolo de estas cosas, con estas palabras: "San Pablo alude a la manera en que el bautismo era ordinariamente practicado por la iglesia primitiva, por inmersión. El descenso del cuerpo dentro del agua sugiere el descenso del cadáver a la tumba; y el ascenso sugiere una resurrección a vida nueva. Pablo va, obviamente, más allá del mero símbolo del rito del bautismo; pues como resultado de él, somos incorporados al cuerpo místico de Cristo y tenemos vida nueva".

*La palabra griega.* La palabra "bautismo" no es traducción de ninguna palabra griega, sino una transliteración. ¿Qué significa la palabra griega "baptizo"? F. J. Winder en su libro *That They May be Won*, hace la lista de 58 léxicos griegos que definen, por unanimidad, "baptizo" como "sumir", "sumergir", "inmersión". Lo que quisiéramos saber es la manera en que Jesús y los apóstoles usaron esa palabra; y para lograrlo debemos acudir a las enciclopedias y léxicos. Winder da una lista de 16 enciclopedias que están de acuerdo con "inmersión". Docenas de ejemplos tomados de la literatura griega de ese tiempo, también lo demuestran: Homero uso la misma palabra con el mismo significado años antes de Cristo; Porfirio la usó en el año 233; Josefo, el historiador judío, la usó también así. Los primeros padres de la iglesia declararon que la inmersión era lo usual. Citas de Bernabé, Justino Mártir, Tertuliano, Eusebio, Atanasio y Crisóstomo indican lo mismo: todos hablan de INMERSION.

*Lugares y circunstancias.* Una mirada cuidadosa a nuestro Nuevo Testamento nos mostrará que la inmersión es lo más lógico. Se dice que Juan bautizaba en Enón, porque había muchas aguas. Felipe y el eunuco descendieron ambos al agua; y no hay duda en cuanto a lo que sucedió. Alejandro Campbell dice en "El sistema Cristiano": "Cualquier estudioso de la Biblia que oiga que 'bautismo' es una palabra griega, podrá acertar que no significa 'verter' ni 'rociar' cuando sustituya aquel término por estos en cada cita donde aparezca. La definición apropiada siempre sonará bien. Esta sería una norma de interpretación. Ahora, tratemos de usar "verter" o "rociar" donde esté la palabra "bautismo"; y veremos que no cuadran con el sentido: Leemos que "de toda Judea y Jerusalén fueron a Juan para ser bautizados por él en el Jordán". Pongamos, ahora: "para ser rociados por él»; "para ser vertidos agua por él»; "para ser sumergidos por él». ¿Puede darse cuenta de los sentidos? Se puede verter agua o rociar con agua; pero ¿rociar y verter agua dentro del agua? Es imposible. ("EN" en griego significa "dentro de") Por tanto, los metió en el río, los sumergió; y no les "bautizó" agua sobre ellos.

*Una conclusión obvia.* Hemos visto que sólo la inmersión se apega a las figuras de muerte, sepultura y resurrección; sin mencionar "plantar", "nacimiento" y "lavamiento". También vimos que tanto léxicos como enciclopedias están de acuerdo; al igual que la literatura griega de ese tiempo y los padres de la iglesia. Todas estas evidencias y el uso que le da la Biblia indican que "bautismo" es inmersión. ¿Cómo es que muchos se han apartado de esta verdad? En toda denominación hay estudiosos que opinan lo contrario a lo que sus grupos enseñan; y aceptan y declaran que el bautismo es por inmersión. Martin Lutero y Melanchton enseñaron que "bautismo" significa "inmersión". Dean Alfred y Dean Stanley, de la Iglesia Anglicana; Juan Wesley, Adán Clark y George Whitefield, de la Iglesia Metodista; los presbiterianos Philip Shaff y Richard Baxter y los congregacionalistas Doddridge y Stuart están de acuerdo también.

Junto a las voces de estos eruditos protestantes se levanta la voz de la Iglesia Católica. En su "Catecismo para Adultos" para las personas que desean abrazar la fe católica, a la pregunta: ¿Cómo se efectúa el bautismo? se contesta de la siguiente manera: "El bautismo se efectúa vertiendo agua sobre la frente de la persona". A la pregunta: ¿Es la única manera en que se puede bautizar? se responde: "No, el bautismo solía hacerse poniendo a la persona completamente bajo el agua. Se hizo así en la Iglesia Católica por 1,200 años". Si recordamos que la iglesia fue establecida en el año 33 d.C., podemos decir que rociar y verter son innovaciones recientes. ¿Se fijan que tanto protestantes como católicos están de acuerdo con que el bautismo era efectuado por inmersión?

*El testimonio de eruditos.* La Enciclopedia Británica dice: "El Concilio de Ravena, en 1311, fue el primer concilio de la iglesia que legalizó el rociamiento, dejándolo a la decisión del que oficia el bautismo". Alfred, el famoso erudito episcopal, dice: "El bautismo era administrado por inmersión de toda la persona". Martín Lutero dio su opinión: "'Bautismo' es una palabra griega, y se debe traducir 'inmersión'. Yo pondría a todos lo que van a ser bautizados juntos, luego los sumergiría". En el libro de Juan

Wesley "Notas del Nuevo Testamento" hace un comentario de Romanos 6:4: "Somos sepultados con él, aludiendo a la manera antigua de bautizar por inmersión". El comentario de Doddridge del mismo versículo es: "Parecerá que es confesar candorosamente que esta es una mención de la manera antigua de bautizar por inmersión". Con todo este testimonio, la persona que quiera seguir la Biblia insistirá, sin duda, en ser bautizada por inmersión.

# Preguntas

1. ¿Qué es necesario hacer para preparar a alguien para ser bautizado?
   _____

2. Mencione cuatro usos de la palabra "bautismo" en el Nuevo Testamento. _____
   _____

3. ¿Qué dos muertes representa el bautismo? _____
   _____

4. ¿Qué es "un bautismo" de Efesios 4:5? ¿Por qué? _____
   _____

5. ¿De qué manera "inmersión" simboliza la muerte y la resurrección?
   _____
   _____

6. Dé cuatro pruebas de que "baptizo" significa "sumir", "sumergir" o "inmersión". _____
   _____

7. Mencione algunos eruditos protestantes que están de acuerdo.
   _____

8. ¿Son importantes las ceremonias? _____

9. ¿De qué manera una persona entra en Cristo, en su muerte y en su cuerpo, según Pablo? _____
   _____

10. ¿De qué manera se relaciona la sangre de Cristo con el bautismo?
    _____

Usado con permiso de William J. Cogan.
Usado con permiso de la Enciclopedia Británica.

# Capítulo nueve

# El bautismo en la vida del cristiano

*Romanos 6:1- 7; Tito 3:4- 7; Hechos 8:12-24, 26-40*

## Bautismo de creyentes

*Candidato apropiado.* ¿Quién es el candidato apropiado para el bautismo? La Biblia enseña claramente el bautismo de creyentes; una persona que no cree no puede ser bautizada. En Hechos 8:36, 37 vemos que a la pregunta: ¿Qué impide que yo sea bautizado? Se le responde: Si crees de todo corazón, bien puedes. La falta de fe descalifica a alguien para no ser bautizado. Nótese que en Marcos 16:16 Jesús demanda la fe antes del bautismo; al igual que en Hechos 16:31-33. Debe ser una persona adulta, mayor de edad, que pueda recibir la Palabra, como en Hechos 2:41. Jesús colocó todo en el orden adecuado en Mateo 28:19, 20. Vemos que la enseñanza está antes y después del bautismo; de manera que una persona que ha sido enseñada recibe la Palabra, cree en Cristo con todo su corazón y se arrepiente, puede ser bautizada.

*Bautismos de "toda la casa".* Los que bautizan a los niños señalan los bautismos de "toda la casa" como base escritural para tal práctica. Hay cuatro bautismos de esta clase en el Nuevo Testamento, pero ninguno de ellos menciona el bautismo de niños. Hechos 16 dice que Lidia fue bautizada con todos los suyos. J.E. McGarvey dice: "Para encontrar aquí un bautismo de niños, debemos asumir primero que Lidia era casada; y esto no lo dice la Biblia. En el caso de que fuera, debemos asumir que tenía hijos, tampoco lo dice la Biblia. Digamos que era casada y que tenía hijos, debemos asumir que estaban con ella en Filipos y no en Tiatira, su tierra natal (Hechos 16:14); y aun asumiríamos que a lo menos uno de ellos era lo suficiente niño. Existe muy poca prueba que sostenga el bautismo de niños en el caso de Lidia. En los tres casos restantes hay la certeza de que no había infantes en las familias. Hechos 10 dice que Cornelio era temeroso de Dios con toda su casa. En la narración del carcelero dice que este se regocijó con toda su casa de haber creído a Dios. Es obvio que todos los de la casa de Cornelio eran de edad suficiente para tener temor de Dios; y todos en la casa del carcelero tenían edad suficiente para creer. En 1 Corintios Pablo dice que bautizó a la familia de Estéfanas, un hombre de quien sabemos muy poco; aunque en el último capítulo de la misma carta, Pablo menciona que la familia de Estéfanas está dedicada al servicio de los santos. Así que eran de edad suficiente para tener un ministerio dentro de la iglesia.

## El propósito del bautismo

*Perdón de pecados.* Si recordamos que el bautismo es para perdón de pecados, esto nos indicará que sólo los pecadores pueden ser bautizados. En Hechos 2:38 se ve claro que el bautismo es para remisión de pecados (también en 1 Pedro 3:21; Hechos 22:16; Romanos 6:1-7; Marcos 16:16). Jesús infirió que los niños no tienen pecado, al decir: "De los tales es el reino de los cielos" (Mateo 19:14; Lucas 18:16). También enseñó que a menos que nos hagamos como niños, no entraremos al cielo (Marcos 10:15). La definición bíblica para "pecado" es: "transgresión de la ley" (1 Juan 3:4). Esta definición exonera a los niños, pues son inmaduros para obedecer la ley.

*Un hecho extraño.* Si no hay base para el bautismo de niños; entonces, ¿por qué está tan extendida esta práctica entre los protestantes modernos? El bautismo de infantes proviene de la doctrina del pecado original; la cual enseña que los niños nacen con pecado, y que Dios los hace responsables de la iniquidad de la humanidad; que son culpables de lo que otros hicieron antes de que ellos nacieran.

Para sostener tal doctrina tendríamos que alterar lo que pensamos de Dios. La Biblia muestra a un Dios de amor y justicia. Un niño sufre las consecuencias del pecado de otros; y Dios no puede condenar eternamente a un niño por el pecado de otros. ¿Qué padre, teniendo dos hijos, castiga al uno por el mal comportamiento del otro? ¿Qué clase de Dios haría responsable por toda la eternidad a un niño por cosas que están fuera de su alcance? Sin embargo, si uno cree en el pecado original, debe creer también en el bautismo de niños; ya que el bautismo es para remisión de pecados. Lo extraño del caso es que muchas denominaciones no creen en el pecado original; y, sin embargo, practican el bautismo de niños. La costumbre continúa, aunque la convicción que la trajo ya no existe.

## Responsabilidad moral

*Un asunto individual.* La Biblia enseña que somos responsables por nuestro propio pecado. Romanos 14:12 dice: "De manera que cada uno de nosotros dará a Dios cuenta de sí". Compárelo con Apocalipsis 20:12, 13; donde los muertos son juzgados, cada uno, según sus obras. Así como no podemos transferir nuestra responsabilidad a otros, tampoco podemos ser responsables de las culpas de otros. Cuando Dios creo al hombre a su imagen; lo hizo moralmente libre; pero lo hizo responsable de sus pecados.

*La edad para ser llamados a cuentas.* ¿A qué edad es un niño o niña responsable ante Dios? ¿Cuándo está lo suficientemente grande para creer y arrepentirse de sus pecados? ¿A qué edad es lo suficientemente grande para pecar? Sólo una persona puede decirlo: ¡EL MISMO NIÑO! o ¡LA MISMA NIÑA! Los padres pueden tener una idea en cuanto a la madurez de su hijo o hija; entonces, buscar el consejo de un ministro (anciano de la iglesia). Pero el niño o la niña será quien diga la última palabra al respecto. El niño aprende desde muy pequeño que debe dar cuenta de sus acciones a sus padres. Cuando entra a la escuela, aprende que debe dar cuentas a sus maestros. En algún momento de su vida se da cuenta de que también es responsable ante Dios. Y cuando llegue a esa conclusión, ya sabe lo que es bueno y lo que es malo; ya está en la edad de la responsabilidad moral.

*Libertad de escoger.* Si estamos conscientes de que el bautismo es el inicio para entrar en el cuerpo de Cristo, la iglesia, entonces debe quedar bien claro, que esto no puede llevarse a efecto sin la voluntad del individuo. Si fuera posible forzar a un niño; entonces sería posible forzar a un adulto. Hay una historia que ilustra esto, que data de principios del Movimiento de Restauración: "En ciertas montañas predicaba un evangelista llamado

John Smith; que era conocido por el apodo de "Mapache". Se dice que, durante un servicio de bautismos, este evangelista vio al ministro de una iglesia protestante; y pidió a los hermanos que lo trajeran para que lo bautizara. El ministro protestó, diciendo: "Yo no quiero ser bautizado". El hermano Smith siguió empujándolo hacia el agua, diciéndole: "No me importa, lo voy a bautizar". El ministro gritó, "Hermano Smith, usted sabe que, si me bautiza contra mi voluntad, ese bautismo no sirve". En ese momento Smith se detuvo, y habló a la gente, "Señoras y señores, el domingo pasado este hombre tomó a un pequeñito contra su voluntad, y lo llevó a un acto que el llamó bautismo; y ahora, ustedes han oído de sus propios labios que lo que él hace no sirve".

## Reconsagración

*Pecados después del bautismo.* Siendo que el bautismo es para perdón de pecados, ¿tendremos que ser bautizados cada vez que pequemos, después de nuestra conversión? NO. El bautismo es el último paso para ser cristiano, un miembro de la familia de Dios, un ciudadano del cielo. Sus pecados son vistos ahora desde otro ángulo de vista. Un ciudadano tiene ciertos derechos y privilegios, aunque rompa la ley de su país; derechos que un extranjero no tiene. Un miembro de una familia tiene derechos y privilegios que no tienen los que no lo son. Cuando un pecador es adoptado en la familia de Dios, ha entrado a una situación diferente; de hecho, es una nueva criatura. De manera que, si llega a pecar, sólo tiene que arrepentirse y orar; pues tiene un abogado delante del Padre, Jesucristo (1 Juan 2:1). Esto se ve ilustrado por el capítulo 8 de Hechos, cuando Simón el Mago cayó en pecado después de su bautismo. No le dijeron que se volviera a bautizar; sino ·que se arrepintiera y orara para que su pecado fuera perdonado. Esto es un privilegio de todo hijo de Dios: puede ser reinstalado en la familia de Dios por medio del arrepentimiento y oración.

*"Rebautismo".* Hay un caso de "rebautismo" en el Nuevo Testamento; cuando Pablo encontró en Éfeso a unos discípulos que conocían solamente el bautismo de Juan. Pues el bautismo de Juan era para arrepentimiento; y el bautismo cristiano es para estar en Cristo (Hechos 19:4, 5). (NOTA del editor: la Biblia no dice que los rebautizó; solamente "fueron bautizados en el nombre del Señor Jesús". Un bautismo que no se ejecuta con el

propósito, el método y el candidato adecuados, no puede ser bautismo; es un remojón). Sucede a veces que alguien siente que sus motivos para el bautismo no eran puros (eso es cosa que sólo el individuo puede decidir); o que no tenía mucho conocimiento cuando fue bautizado (aunque durante el proceso de crecimiento del cristiano siempre está aprendiendo); y en estos casos, y si las personas están convencidas (esto es algo que solamente ellas saben) de que su bautismo fue con el propósito equivocado y desean ser bautizadas, hay que proceder a bautizarlas.

*Rededicación.* Algunas veces, durante la vida, el cristiano experimenta algo como una segunda conversión; es un tiempo de mucha tristeza por el pecado, un tiempo de renovar el afecto y la lealtad a Cristo. Tal reconsagración no incluye un bautismo, aunque el pecado haya sido muy grande. La cena del Señor es el acto de reconsagración del cristiano. Pues puede ver otra vez el dramatismo que vivió en el bautismo. Aquí puede reconsagrarse a Cristo y reconfirmar su deseo de servirle.

## Bautismo y gracia

*No es una obra de justicia.* Un texto importante que se relaciona con el bautismo es Tito 3:5, donde se nos da una mejor explicación de la relación existente entre el bautismo y la gracia. Se nos acusa de que negamos la salvación por la gracia cuando decimos que el bautismo es para perdón de pecados. Pablo no siente que haya conflicto. Escribió a Tito diciendo que el bautismo no es una obra de justicia o para justificación; que una persona, al ser bautizada obedeciendo el mandamiento, no está ganando su salvación; como tampoco la gana cuando se arrepiente. El bautismo, dice Pablo, es el lavamiento de la regeneración. El que el bautismo sea importante para el nuevo nacimiento, no significa que Pablo creyera en la salvación por obras. Para Pablo, el bautismo no es una obra; más bien lo considera como el medio para recibir la gracia de Dios, como parte de la respuesta necesaria del hombre para recibir la gracia.

*El bautismo salva.* ¿Cómo, entonces, se puede decir que el bautismo nos salva? ¿Cómo puede Pedro decir en 1 Pedro, que como Noé fue salvado durante el diluvio, "el bautismo que corresponde a esto ahora nos salva"? Si estudiamos con cuidado el versículo, vemos que Pedro enseña que el lavamiento físico es la manifestación de un lavamiento espiritual, invisible. Él llama bautismo a "la aspiración de una buena conciencia hacia Dios". Y señala que el bautismo no es para "quitar las inmundicias de la carne. Una vieja ilustración puede ayudar: "Un campesino puede decir: Yo aré ese campo, hoy; como también puede decir: Mi caballo aró ese campo, hoy; y también puede decir: Ese arado aró el campo hoy". Por una parte, el hombre proporcionó la dirección; el caballo, la fuerza y el arado fue el instrumento necesario. De la misma manera podemos decir que la fe salva, el bautismo salva, y la gracia salva; y no hay contradicción. El mérito reside completamente en la gracia de Dios. La respuesta del hombre a la gracia de Dios es la fe; la cual se traduce en arrepentimiento y bautismo. Alguien puede decir que tiene fe; pero ¿está listo para manifestarla formal y públicamente? De la misma manera que el agua del diluvio separó a Noé de los que perecieron; también el agua del bautismo separa a los que tienen fe de los que no la tienen.

*Justificación por fe.* No hay conflicto entre hechos 2:38 y Romanos 5:1 o Efesios 2:8, 9. Hace años J.W. Sweeney publicó un sermón titulado "Bautismo para perdón de pecados es justificación por fe". Es cierto que el hombre no puede ser salvo por obras de la ley, ni por obras de justicia. El bautismo para perdón de pecados no contradice el gran descubrimiento de Martín Lutero; que dice "El justo por la fe vivirá". El bautismo es fe en acción, fe hecha pública, fe formalizada y hecha ceremonia. La ilustración clásica de la fe es Abraham cuando ofreció a Isaac; lo cual fue tomado como un acto de fe; y por esa fe fue justificado (Romanos 4). Así pasa con el bautismo, no es mérito de nuestra parte, ni pago por el perdón; sino sólo la prueba de nuestra fe en la gracia de Dios. Porque sólo con el ojo de la fe se puede ver la sangre en el bautismo. ¿De qué otra manera puede uno relacionar el bautismo de agua del siglo XXI con la sangre que se secó en el polvo del Gólgota el siglo I? ¿De qué otra forma se puede relacionar el lavamiento del cuerpo en agua pura con el rociamiento de la sangre de Cristo sobre el corazón? (Hebreos 10:22)

## El bautismo y Cristo

*El propio bautismo de Jesús.* Aunque Cristo no conoció pecado (Hebreos 4:15; 1 Pedro 2:22); tuvo que caminar cuando menos 50 kilómetros para ser bautizado por Juan en el Jordán. Cuando Juan dudó, Jesús le indicó que se tenía que hacer "para cumplir con toda justicia".

Dios dio su aprobación en forma dramática, diciendo: "Este es mi Hijo amado, en quien tengo complacencia". Mateo 3:17. ¿No sería justo decir que cuando imitamos las pisadas de Cristo, y le imitamos en el bautismo, Dios está contento también? Hay una clave en el bautismo de Jesús para ver la forma de bautismo: "Después que fue bautizado, subió luego del agua" (Mateo 3:16). Los que son bautizados en Cristo deben estar seguros de que fueron sumergidos como él. Algunas veces se ha dicho que el bautismo no es tan importante como para levantar tantas discusiones que llevan mucho tiempo. El bautismo fue lo suficientemente importante como para que Cristo se desviara de su camino y, aun, insistir en ser bautizado. Si el Cristo sin pecado hizo todo eso para ser bautizado; entonces, no es algo que debamos tomar a la ligera o con indiferencia.

*Nuestro bautismo y su sepultura.* Hemos visto que Romanos 6 sugiere que el bautismo es más que un símbolo. Verlo como una simple ceremonia o ritual es negarle su verdadero valor. Notemos que somos sepultados con él (v. 4). Un ministro tituló su sermón basado en este pasaje: "Dos hombres en una tumba". Cristo vive, está presente cuando adoramos; y cuando una persona es bautizada no está sola bajo el agua. Hay mucho significado en el hecho de que somos sepultados con Cristo.

*El bautismo, un acto solemne.* Si el bautismo incluye la presencia del Cristo vivo; si es tanto un acto ceremonial como un símbolo; entonces debe ser catalogado como un acto muy solemne. El bautismo nunca debe ser tomado a la ligera. Cuando haya un bautismo no debe haber lugar para las bromas. Ser testigo de uno es privilegio grande y santo. La mente de los candidatos al bautismo, de los que ayudan y de los testigos debe estar preparada para venir a la orilla del agua con mucha reverencia. Celebremos el acto con dignidad y hagamos que sea tan importante y significativo para los presentes, como la Cena del Señor.

# Preguntas

1. ¿Cuáles son los cuatro requisitos para el bautismo bíblico? _____

   _____

2. Explique los bautismos de "toda la casa" del Nuevo Testamento.

   _____

   _____

3. ¿Cuál es el propósito del bautismo? Dé citas. _____

   _____

4. ¿Cómo se originó la práctica del bautismo de niños? _____

   _____

5. ¿A qué edad es responsable un niño? ¿Quién sabe mejor cuando esto

   sucede? _____

   _____

6. ¿Hay algún caso de "rebautismo" en el Nuevo Testamento? _____

   _____

7. ¿Cómo se recibe perdón por los pecados cometidos después del

   bautismo? _____

8. ¿Por qué el bautismo no es una obra de justicia? _____

   _____

9. ¿Existe algún conflicto entre el bautismo para perdón de pecados

   con la justificación por fe? _____

10. ¿Qué diferencia hay entre el bautismo de Jesús y el nuestro? ¿Qué

    similitudes tienen? _____

    _____

11. ¿Es el bautismo un acto simbólico, o un acto sacramental? Dé razones

    de su respuesta. _____

    _____

    _____

12. ¿Qué se puede hacer para que el servicio de bautismo sea un servicio reverente tanto para el candidato como para los testigos? _____

_____

_____

_____

# Capítulo diez

# La iglesia en adoración

*1 Corintios 11:14; Mateo 18:19, 20; Salmos 95 y 100*

## Principios

*Un término importante y amplio.* La adoración es mencionada cada vez que se habla de las reuniones de la iglesia. Hechos 2:41 dice: "y se añadieron aquel día como tres mil personas". Hechos 2:42 describe brevemente sus actividades: "y perseveraban en la doctrina de los apóstoles, en la comunión unos con otros, en el partimiento de pan y en las oraciones". Estas cuatro áreas no es todo lo que compone el servicio cristiano, pero es un buen resumen de ello. La doctrina de los apóstoles era en ese tiempo sólo de palabra. Las futuras generaciones han podido seguir la doctrina de los apóstoles, ahora en forma escrita, en el Nuevo Testamento. La comunión unos con otros es traducida "comunión" en 1 Corintios 10:16; 2 Corintios 6:14 y 13:14; y significa literalmente "participación", la cual a su vez podría ser traducida "sociedad"; y es un término muy general que, incluye, sin duda alguna, la Cena del Señor, ofrendas y otros aspectos de la congregación en la adoración.

Hay alguna discusión en cuanto a lo que quiere decir "el partimiento del pan". Algunos dicen que, al igual que 1 Corintios 10:16, se refiere a la Cena del Señor. Otros dicen que, al igual que Hechos 2:46, se refiere a las reuniones ágapes, o comidas en que los cristianos comían juntos como una familia. Algunos más piensan que Lucas no usaría la misma palabra de dos maneras diferentes en el mismo capítulo sin una explicación. Siendo que la Cena del Señor cabe en la expresión "la comunión unos con otros"; esta comunión del partimiento del pan puede ser la comida de la familia cristiana. Tal explicación no nos aleja de la adoración, porque entre los judíos, el partimiento del pan era un acto en que el jefe de la familia pronunciaba la bendición sobre la comida (Lucas 24:30; Mateo 14:19). Este acto corresponde a la costumbre que tenemos de orar antes de las comidas.

La oración era una parte de la adoración tanto pública como privada. Mucho se puede sacar en claro por media de un estudio de todas las oraciones que tenemos en la biblia. Es interesante notar que en estas áreas de adoración se puede encontrar: adoración pública, adoración familiar y adoración privada.

*Adoración espontánea.* La segunda mención que los cristianos hacen de la adoración sigue de cerca a la primera. Los dos versículos finales de Hechos 2 nos indican que siguieron adorando en el templo y también en las casas. El término "alabando a Dios" está conectado con el versículo que le antecede. Estos versículos sugieren una adoración espontanea que brotaba de su corazón. Acostumbrados como estaban, a la adoración formal en el templo y en la sinagoga; podemos imaginar que los cristianos tenían servicios de adoración organizados. En la actualidad podemos pensar que fueron ayudados por el furor y la excitación del momento.

*Lo exterior no los afectaba.* ¿Deben las faltas o hipocresías de los otros afectar mi adoración? Jesús no pensó así; porque él iba seguido al templo; aunque sabía que estaba lleno de hipócritas. Pedro y Juan fueron al templo a la hora de la oración (Hechos 3:1); aunque ellos eran parte del pacto nuevo que había desplazado al viejo. Algunas de las divisiones de la iglesia se han debido a que los adoradores han sentido que no pueden adorar sinceramente a Dios en un ambiente no propicio. La verdadera adoración de la Biblia es un acto del corazón, y lo exterior poco o nada debe afectarla.

## Los medios para la adoración

*La adoración a través del canto.* El cristianismo es el único gran movimiento entre los hombres que da una preeminencia al canto; ningún otro grupo se le puede comparar en esto. Los judíos gustaban de los coros, pero el canto congregacional es distintivo del cristianismo. Y no es accidente que el canto ocupe un lugar preeminente en el servicio cristiano.

Efesios 5:19; Colosenses 3:16 y Santiago 5:13 respaldan tal práctica. La expresión "salmos e himnos y cánticos espirituales" sugiere una variedad en la selección de los cantos que podemos usar. El Nuevo Testamento no nos ayuda en cuanto a los instrumentos que deben acompañar nuestros cantos. Algunos dicen que debemos usar sólo cantos inspirados; pero no hay razón para ir a tal extrema. El uso de instrumentos musicales no es aprobado ni condenado por el Nuevo Testamento. Evidentemente, hay libertad para escoger en cuanto a este asunto.

*La adoración a través de la oración.* La oración era parte importante en la adoración judía; y sería inconcebible que no ocupara un lugar preponderante en el servicio cristiano. Hay pocas oraciones narradas en el Nuevo Testamento; pero las que hay reflejan de manera profunda la presencia de Dios y la convicción de que la oración es muy valiosa. Sin duda que, siguiendo el ejemplo de Jesús, oraban antes de participar la Cena del Señor. Todas las decisiones importantes eran tomadas por media de la oración. Oraron para elegir a Matías (Hechos 1:24), cuando eligieron a los diáconos (Hechos 6:6), cuando comisionaron a Bernabé y a Pablo para ser evangelistas (Hechos 13:1-3). En emergencias oraron (Hechos 4:23-31), por Pedro (Hechos 12:5, 12). Pablo y Silas oraron mientras estaban en la cárcel (Hechos 16:25). En 1 Corintios 11 y 14 vemos la importancia de la oración en las reuniones de la iglesia. En Santiago 5:16 vemos la oración de unos por otros. Pablo pone el ejemplo diciendo en todas sus epístolas que ora por los hermanos. La ordenación de ancianos fue ocasión para orar y ayunar (Hechos 14:23). Durante los diez días siguientes a la ascensión los discípulos oraban (Hechos 1:14). Realmente sería imposible evaluar el lugar que ocupaba la oración en la vida de la iglesia primitiva.

*La adoración a través de la predicación.* El Nuevo Testamento considera a la predicación como algo más que un mero entretenimiento. Aunque su objetivo es parte educativo, también es parte de la adoración a Dios. Al declarar las magníficas obras de Dios tanto el orador como el oyente están glorificando a Dios. A pesar de que la predicación tiene la intención de convencer al pecador y confirmar al santo, también conlleva una adoración a Dios.

*La adoración a través de la Cena del Señor.* Tanto hay que decir de la Cena del Señor, que todo el capítulo once de 1 Corintios está dedicado a ese tema. El lugar tan importante que ocupa la Cena del Señor en la adoración es avalado por Cristo, Pablo y Lucas. Tal vez sería incorrecto decir que una parte de la adoración es más importante que otra; sin embargo, la Cena del Señor fue el centro de la adoración. Así como la muerte, sepultura y resurrección son básicas en la doctrina cristiana; de la misma manera, la Cena del Señor ocupa una posición muy importante en la adoración cristiana.

*La adoración por medio de la meditación.* El Señor dice en los Salmos: "Estad quietos y conoced que yo soy Dios". Rodeados como estamos de un mundo ruidoso, presuroso y preocupado, es esencial que el cristiano encuentre tiempo para meditar. Quizá es por eso que se ha llamado a la casa de oración "el santuario". Es aplicable en nuestro tiempo como lo fue en el de Isaías que "en quietud y confianza será vuestra fortaleza".

*La dádiva como adoración.* No hay duda de que los primeros cristianos consideraron el compartir sus bienes materiales parte de la verdadera experiencia cristiana. En el principio los discípulos pusieron todo lo que poseían a la disposición de la iglesia (Hechos 2:44, 45. Todo esto lo ofrendaron de buena voluntad (Hechos 5:4). Traer ofrendas a Dios era, para ellos, un asunto muy serio y solemne. Lea la historia que se encuentra en el principio del capítulo 5 de Hechos.

Muchos son como el niño a quien su madre le dijo que pusiera cien pesos en el plato de la ofrenda, durante la escuela dominical; y el niño respondió: "De seguro que el predicador se va a quedar con mis cien pesos". Muchos tienen ese tipo de concepto; pero la enseñanza bíblica es que lo damos a Cristo y no a una causa; a un personaje divino y no humano; a Dios y no al hombre. Algunos consideran la ofrenda como una intromisión en el servicio cristiano; y le restan valor tomándola a la ligera.

Cuando la dádiva se presenta como un acto de adoración, no hay porque sentir que es una intromisión, se convierte en una parte esencial de la adoración del creyente hacia Dios. Dar es una parte vital, ya que expresamos agradecimiento a Dios. ¿Todas esas ofrendas fueron usadas en obras de beneficencia? Al principio parece que sí (6:1). La ofrenda de 1Corintios fue también para benevolencia. Recoger esa ofrenda en Corinto fue parte de su adoración; de la misma manera que lo es hoy en día para nosotros. Estudiando 1 Corintios 9 nos damos cuenta de que las ofrendas fueron usadas para sostener a los que predicaban el evangelio. Pablo argumenta que los que dedican todo su tiempo al servicio de la iglesia, deben ser sostenidos como lo fueron los sacerdotes bajo el antiguo pacto, "que eran partícipes del altar". La predicación y la enseñanza del evangelio deben ser sostenidas de una sola manera: ¡A través de las dádivas de los que aman a Dios!

## El día de adoración

*El primer día de la semana.* No es difícil ver que los cristianos se reunían el primer día de la semana. El mismo día de la resurrección estaban juntos al anochecer (Juan 20:19). Si aceptamos la manera de contar de los judíos, los discípulos estaban reunidos el siguiente primer día (Juan 20:26). Pablo se juntó con los cristianos de Troas el primer día de la semana. El mismo asumió que la iglesia de los corintios estaría congregada el primer día (1 Corintios 16:2). Siendo que la resurrección ocupaba un lugar importante en la fe de ellos y era el centro de su predicación; es lógico que Jesús haya escogido que se juntaran para adorar el mismo día de la resurrección.

*El sábado.* En Deuteronomio se ve claro que ningún gentil podría guardar el sábado. Si sus antepasados estuvieron en Egipto, entonces sería posible. Israel conmemoraba su liberación de Egipto guardando el sábado. Los cristianos conmemoran su liberación del poder del pecado y de la muerte adorando el primer día de la semana. Es incorrecto llamar al primer día de la semana "sábado cristiano"; pues Cristo no vino solamente a cambiar el día en cuestión. La única relación entre la adoración de los judíos en sábado y la adoración cristiana en el primer día de la semana es que ambos días marcan un tiempo especial para cierto propósito; y la Biblia no reconoce más paralelismos entre ambos. Hebreos 4:1-11 indica que el sábado del cristiano le espera en el cielo, cuando repose de todas sus obras por la eternidad.

*El día del Señor.* Este término es usado una sola vez en Apocalipsis 1:10. Algunos piensan que se refiere al día del juicio que será en el futuro. Una lectura del texto nos indica que Juan no fue transportado al futuro. En Apocalipsis 1:19 leemos que él debe escribir "lo que has visto, y las que son y las que han de ser". Apocalipsis 4:1, 2 marca el tiempo de transición de las cosas que son a las que serán. La mayoría de los comentaristas concuerdan en que el término: "día del Señor", tal como la literatura cristiana, no bíblica, lo denomina, se refiere al primer día de la semana.

*Guardarlo santo.* Los intérpretes de la ley judía describen exactamente lo que incluía guardar el sábado; aunque Dios fue menos específico en cuanto a ello. Para los cristianos no existe muchos indicios de cómo debemos guardar el domingo. Es algo que cada uno debe decidir en su conciencia. La persona que dedica el domingo a la oración, y que trata de que sea en verdad día del Señor, no está muy lejos de la realidad. En una sociedad como la nuestra hay más problemas que en la de hace una generación; pero en todas las épocas ha habido y habrá problemas. En el principio de la iglesia había problemas: muchos de los cristianos eran esclavos, y sólo se podían reunir durante las noches; con eso y todo, hacían del domingo el día del Señor, adorando en cuanta oportunidad tenían.

## El significado de la adoración

*Adoración regular.* Cristo enseño la importancia que tiene la adoración personal privada, y más tarde fue corroborada varias veces por Pablo (Filipenses 4:6, 7). Hebreos 10:24, 25 urge a todo cristiano a asistir con regularidad a toda reunión de adoración pública. Asistir a la adoración es considerado como una respuesta del hombre a Dios y una señal de afecto hacia los demás hermanos. Muchas bendiciones manan de la adoración en conjunto. Orar juntas, tomar la Cena del Señor juntas y compartir las bendiciones recibidas fueron vitales para el cristianismo. La persona que decide adorar solo, cuando puede hacerlo en compañía de otros, se pierde una bendición especial de Dios; y lo que es peor, no toma en consideración que otros necesitan de su presencia para tener una comunión completa.

*La adoración significativa.* Un cuidadoso estudio del Nuevo Testamento nos llevará a la conclusión de que la adoración de la iglesia primitiva evitó los dos extremos populares de la actualidad. Su adoración no se caracterizó ni por extravagancias emocionales ni por la rigidez y el ritualismo. Los primeros cristianos, con su antecedente judío, adoraron, sin duda alguna, en una atmósfera de dignidad y respeto; con todo, no faltó el calor, el entusiasmo ni el vigor. Su adoración contenía emoción e intelecto; y pudo satisfacer las necesidades de los hombres de diferentes culturas, niveles y estratos sociales sin dar falsas ideas en cuanto a la naturaleza de Dios.

Primera Corintios 14:15 debe ser incluido cuando se trate de definir lo que es una adoración significativa. "Cantar con el espíritu" no significa cantar desordenadamente; refiriéndose al mal uso de los dones espirituales. Y no hay duda de que "Cantar con el entendimiento" indica que toda adoración debe involucrar un entendimiento de Dios y su voluntad.

**Decentemente y en orden.** El Nuevo Testamento no especifica la clase de conducta que se debe tener en la adoración pública; mas 1 Corintios 14:40 nos da un principio general que debemos seguir al tomar decisiones. Cualquier música que se escoja, la manera de distribuir la Cena del Señor, cómo recoger la ofrenda, los arreglos del edificio, el tiempo y el orden del servicio; todo esto debe hacerse con este versículo en mente. La adoración es santa y vital como para hacerla sin cuidado ni preparación; vale tanto, que merece concienzuda planeación y buena programación.

# Preguntas

1. ¿Cuáles son las 4 áreas de adoración que son mencionadas en Hechos 2:42?

   _____

   _____

2. Después de la creación de la iglesia, ¿cuándo se menciona por primera vez la adoración conectada con la iglesia? _____

   _____

3. Mencione los 6 medios de adoración. _____

   _____

   _____

4. ¿Por qué cantamos en la adoración? _____

   _____

5. ¿Qué tan importante era la oración en la iglesia del Nuevo Testamento? _____

6. ¿Por qué es importante adorar regularmente? _____

   _____

7. ¿Tenemos orden de adorar regularmente? ¿Dónde se encuentra esa orden? _____

8. ¿Qué podemos hacer para que nuestra adoración sea significativa, tenga sentido? _____

   _____

9. Diga su opinión de lo que Pablo quiso decir cuando dijo: "Hágase todo decentemente y en orden"? _____

   _____

10. ¿Cuál es el día apartado para la adoración cristiana? ¿Por qué?_____

    _____

11. Mencione ejemplos bíblicos de cristianos reunidos para adorar en domingos. _____

    _____

12. Haga una comparación entre el sábado y el día del Señor. _____
_____

# Capítulo once

# La iglesia en la mesa del Señor

*1 Corintios 11:18-34; Mateo 26:17-30; Marcos 14:12-26; Lucas 22:7-39*

## Su institución y significado

La Cena del Señor ocupó un lugar importante en la adoración de la iglesia del Nuevo Testamento, que merece todo el espacio de este capítulo. Por su importancia en la historia de la iglesia y por las muchas batallas teológicas que sobre ella se han librado, merece un estudio extenso. La solemnidad con que se instituyó, las severas advertencias en cuanto a su abuso y el tiempo adecuado en que se instituyó revelan que esta ceremonia es de valor incalculable. La Cena del Señor está íntimamente vinculada a los eventos capitales del evangelio y a la respuesta del hombre al evangelio. La Cena del Señor es descrita por la Biblia como el tiempo para recordar el cuerpo y la sangre de Cristo, un tiempo para arrepentirnos de nuestros pecados y caídas; un tiempo para renovar nuestro pacto con Cristo; un tiempo para recordar su promesa de regresar. Nadie debe tomar a la ligera una ceremonia tan llena de valores espirituales e históricos.

*La última cena.* La Cena del Señor lleva el título de "última cena" porque sucedió antes de la horrible traición, el juicio y la crucifixión. También se le puede llamar la "primera cena"; porque Jesús instituyó la primera de una serie de observaciones continuas de la "comunión". Nunca se llegará a un acuerdo sobre el día en que ocurrió el evento. Una mayoría de eruditos aseguran que la Cena del Señor tuvo lugar la noche del jueves, y la crucifixión al día siguiente, que es viernes. El que no podamos estar de acuerdo en cuanto al día que Jesús la tomó por última vez no importa realmente; pues sabemos que los cristianos del primer siglo, y todos, desde entonces, han guardado esta observancia el primer día de la semana. Tal vez anticipándose a esto, es que el Nuevo Testamento no especifica el día. Si fuera claro en cuanto a ello, algunos dudarían de si se debe tomar el primer día de la semana o el día que Jesús la tomó y estableció. Tampoco estamos seguros de si era la cena de la Pascua que estaban celebrando o un sustituto de ella. Los eruditos bíblicos no se ponen de acuerdo en esto, y no es posible llegar a él; pero, esto no preocupó a los discípulos, ni debe preocuparnos.

*La noche de la traición.* Lo que si importó a los discípulos es que sucedió la noche de la traición. ¿Estaba Judas presente cuando la cena fue instituida? Sólo podemos adivinar. De cualquier manera, cuando terminó la cena de la Pascua, Jesús tomó el pan sin levadura, dio gracias y lo distribuyó entre ellos. Tomó luego la copa que se acostumbraba en la Pascua; dio gracias otra vez y todos tomaron de ella. ¿Qué había en la copa? La Biblia lo llama "fruto de la vid"; y nunca "vino". Como no se le llama vino, muchos creen que no era vino fermentado, sino jugo de uva. Otros piensan que pudo haber sido vino mezclado con agua.

*Símbolo o sacramento.* ¿Qué quiso decir Jesús con: "Esto es mi cuerpo" y "esto es mi sangre"? Las interpretaciones van desde "transubstanciación" hasta conmemoración. Hay quienes piensan que los elementos de la Cena se convierten realmente en el cuerpo y la sangre de Cristo; otros dicen que es solamente un memorial simbólico. No existe duda de que Jesús dijo "esto es mi cuerpo" de la misma manera que dijo "Yo soy la puerta". Jesús nunca se transformó milagrosamente en puerta o en vid; sólo hablaba en lenguaje figurado. La creencia de que el pan se convierte en el cuerpo y el jugo en la sangre no soportaría una prueba ni científica ni química; y tampoco suena razonable. Por otro lado, es correcto decir que la Cena es sólo un acto simbólico de un memorial, porque Cristo vive. Por lo general la gente hace memoriales de alguien que ha muerto; pero Cristo, aunque murió, he aquí que vive, y prometió estar con sus discípulos cuando se reúnan para adorar: "Porque donde están dos o tres congregados en mi nombre, allí estoy yo en medio de ellos" Mateo 18:20.

Consideremos las palabras de Cristo: "Y yo os digo que desde ahora no beberé más de este fruto de la vid, hasta aquel día en que lo beba nuevo con vosotros en el reino de mi Padre" Mateo 26:29. Aunque el significado del pasaje puede ser discutido, algunos dicen que se refiere a la presencia de Jesús al celebrar la Cena hoy en día o cuando sea tomada. Un hecho que no se puede negar es que Jesús está presente con sus discípulos cuando se reúnen para tomar la Cena. Es un memorial porque lo recordamos; y es más que memorial, pues ¡Tenemos comunión con él!

*La Cena del Señor.* Lea cuidadosamente las palabras de Pablo en 1 Corintios 10:16: "La copa de bendición que bendecimos, ¿no es la comunión de la sangre de Cristo? El pan que partimos, ¿no es la comunión del cuerpo de Cristo?" Si recordamos lo que significa la palabra "comunión" veremos que Pablo tenía en mente la presencia de Cristo entre sus seguidores. Los que vienen a su mesa, no tienen comunión unos con otros, sino con Cristo. Este principio es importante, cuando consideramos la lucha que hay entre quién puede participar y quién no.

*Comunión abierta o comunión cerrada.* Siendo que nuestra comunión es con Cristo y no con los demás, la sinceridad o hipocresía de otros nada tienen que ver con el servicio. Quizá la pregunta no sea ¿Quién puede participar? o ¿Quién no puede participar?, más bien ¿Estoy preparado? Yo nunca pensaría en invitar a alguien a la casa de usted para cenar; como tampoco podría impedirle el privilegio de ir si usted lo invita. De igual manera, no tengo ningún derecho de invitar a nadie a la Cena del Señor ni negarle ese privilegio. Si la mesa es del Señor, él es el único que puede invitar o rechazar.

## La forma de observarla

*Tomándola indignamente.* Las palabras de Pablo en 1 Corintios 11:27-29 han provocado que muchos teman participar de los emblemas; pues sienten que no son dignos de comer de ellos debido a algún pecado que han cometido; y si lo hacen, traerán condenación sobre ellos. Debemos aclarar que la palabra "indignamente" es un adverbio y modifica a los verbos "comer" y "tomar". No tiene ninguna relación con el pan, la copa o el adorador, sino con la actitud con que se come y bebe. Una buena traducción de este pasaje se encuentra en una versión en inglés, que dice: "De una manera indigna". J.B. Phillips lo explica así: "Cualquiera que come el pan o toma el jugo sin la meditación necesaria, se hace como uno de los que condujeron al Señor a la muerte. Él que come y bebe descuidadamente, está comiendo y bebiendo juicio para sí; porque actúa ciegamente ante el cuerpo del Señor". (Usado con permiso)

*Reverencia correcta.* ¿Qué es una manera digna? ¿Qué constituye una reverencia adecuada, apropiada o correcta? Dos cosas son mencionadas en el texto anterior: La primera es "pruébese cada uno a sí mismo". Mi mayor preocupación estando yo a la mesa del Señor, no debe ser si usted está o no calificado para participar; sino ¿estoy calificado para participar? Debemos tomar el ejemplo de los apóstoles que estaban presentes en la última cena: cuando el Señor dijo que uno de ellos le iba a traicionar, nadie levantó su dedo acusando a Judas o a alguno de los demás; sino que cada uno empezó a preguntar: ¿Soy yo, Señor? Tal debe ser nuestra actitud también al participar. ¿Quién es digno? Claro, que es posible participar de una manera indigna; pues es obvio que el hombre nunca podrá ser digno. ¿Quién puede decir con seguridad, que merece el sacrificio de Cristo? Sin duda, que cualquiera que viene a la mesa sintiéndose digno, está lleno de orgullo; y esto lo hace indigno. Sólo el que viene sabiendo que no es digno, ni nunca lo será, del amor de Cristo, está en buena condición para participar de una manera digna.

*¿Cuándo y con qué frecuencia?* Aunque la Cena del Señor fue instituida durante la semana, sólo tenemos prueba bíblica de que los primeros cristianos tomaban la Cena los domingos, o sea el primer día de la semana. Si hubo tiempo en que se tomó en otros días, la Biblia no lo dice. La pregunta ¿Con qué frecuencia? es la que más discusión ha levantado. Si tomamos como base la frase: "partimiento del pan" de Hechos 2:42, como referendo a la Cena del Señor; entonces la palabra "perseverar" significa "constantemente" o "a intervalos regulares". Hechos 20:7 revela que las reuniones para participar de la Cena del Señor a que estaban acostumbrados los de Troas eran el primer día de la semana. La historia eclesiástica lo revela también por medio de Justino Mártir, que escribió alrededor del año 140 d.C., y nos dejó evidencia en cuanto a las prácticas de la iglesia primitiva: "Y en el día llamado domingo, todos los que viven tanto en las ciudades como en el campo se congregan en un lugar específico, y las memorias de los apóstoles o los escritos de los profetas son leídos, tanto como el tiempo lo permita. Cuando el lector ha terminado su lectura, el que preside los instruye verbalmente y los exhorta

a imitar las cosas buenas. Luego todos nos ponemos en pie y oramos y, como se dijo antes, cuando termina la oración se trae pan, jugo y agua; y el que preside hace oraciones y da gracias de acuerdo con su habilidad. Y la gente asiente, diciendo: Amen. Y entonces se distribuye a todos, y a los ausentes se les envía una porción con los diáconos".

***Objeciones para tomarla cada semana.*** La única objeción para la comunión semanal es que se hace común y le roba significado. Debe notarse que es una objeción que no está basada en la Escritura; y sí apoya la comunión semanal. No se basa en la historia eclesiástica; pues ya vimos que en los tiempos apostólicos era observada cada semana. No es objeción de la experiencia; pues no lo dicen los que participan sino los que no lo hacen. ¿Quién puede evaluar mejor la comunión semanal, el que la observa o el que no participa de ella? El testimonio de los que la observan semanalmente dice que se hace cada vez más sagrada. Debemos notar que nadie aplica esa objeción a ninguna otra parte de la adoración. Nadie dice que entre más se ore, menos sentido tendrá la oración; y nadie cree que entre menos vaya a los servicios, estos serán más benéficos; nadie dice que entre menos sermones se escuchen más bendición se obtendrá de ellos, o que entre menos se dé más grande será su gozo de dar. Se puede ver en los casos anteriores que es todo lo contrario: entre más oremos, más adoremos, más oigamos más bendiciones obtendremos. ¿No es lógico decir que entre más frecuente tomemos la Cena del Señor, será más significativa?

***Algunas opiniones sobre la cena semanal.*** Carlos Spurgeon dijo: "Cuando nuestra congregación comenzó a partir el pan cada primer día de la semana, algunos pensaban que venir tan seguido a la mesa del Señor podría quitarle importancia a esa fiesta santa. Bueno yo casi no he faltado un día a esta fiesta en veinte años; y no había estado tan impresionado de la solemnidad y dulzura de la cena del Maestro, como lo estoy ahora. La encuentro más nueva cada vez; y cuando la observábamos cada mes, no tenía ni la mitad del gozo de hoy; y creo que nuestros amigos de otras iglesias, que la toman cada tres meses o cada año, no dan a la comunión un trato justo para que los pueda edificar. No saborean el valor de una ordenanza que han descuidado tanto". Juan Wesley y Juan Calvino aconsejaron que la Cena del Señor fuera observada el primer día de la semana. Doddridge dijo: "Es sabido que los primeros cristianos administraban la Cena del Señor cada día del Señor". Comentadores, como Scott, Mason, Torrey y Adán Clark concuerdan en que durante los siglos I y II la comunión era observada cada día del Señor.

*Cosas que se dejan al juicio humano.* Ni la Biblia ni la historia dan indicios de cómo eran distribuidos los elementos, si se participaba al mismo tiempo o cuando pasaban los elementos; si se pasaban los elementos a todos, o todos iban a la mesa para participar de ellos; si oficiaba el predicador, o el obispo, o el diácono, o cualquier miembro de la congregación; si al principio del culto o en medio o al final de él. Lo que podemos decir al respecto es que Dios ha dejado los detalles al gusto y preferencia de cada congregación; sólo que se haga decentemente y con orden.

*La cena del Señor y la unidad cristiana.* El estudio de la Cena del Señor estaría incompleto si no consideramos 1 Corintios 10:17 "Siendo uno solo el pan, nosotros, con ser muchos, somos un cuerpo; pues todos participamos de aquel mismo pan". Uno de los grandes propósitos de la Cena del Señor es unir a los adoradores. Es extraño que esta Cena, que Pablo considera como el gran medio para la unidad, haya sido tantas veces motivo de división. En juntas inter-iglesias se puede ver a los líderes de ellas orar, cantar, y estar juntos; pero no pueden tomar la comunión juntos. ¡Qué lejos nos hemos separado del ideal bíblico! La institución divina de hoy produce un efecto contrario al que se esperaba de ella. ¡Grande tragedia es para el cristianismo: que la separación sea tan grande, que un cristiano no puede estar a la mesa del Señor con otros que profesan la misma fe en Cristo!

*Hasta que él venga.* La Cena del Señor es un sermón; y un sermón es un símbolo. Sus elementos hablan persuasiva y elocuentemente a cada participante "Así pues, todas las veces que comiereis este pan y bebiereis esta copa, la muerte del Señor anunciáis hasta que el venga" Cuando la mesa se ha servido, y los adoradores han participado sincera y reverentemente, la adoración ha sido completa; no le hace que tan elocuente haya sido el predicador o si aprendimos o no; el evangelio ha sido proclamado efectivamente. Nadie debe salir sintiendo vacío en el cuerpo o en el alma; pues la muerte de Cristo ha sido predicada en la Cena; y el mismo dedo simbólico que apuntó, una vez, al calvario apunta hoy a la segunda venida. Debemos poner a la misma altura la crucifixión, la resurrección y la segunda venida del Señor. Esto es también una doctrina esencial de la fe cristiana y una faceta clara y maravillosa de la Cena del Señor.

# Preguntas

1. ¿Dónde, cuándo y por quién fue instituida la Cena del Señor? _____

_____

2. ¿En qué día de la semana observaron los apóstoles y los primeros cristianos la Cena del Señor? _____

_____

3. Mencione las dos ideas opuestas relacionadas con las palabras de Jesús: "Esto es mi cuerpo" y "Esta es mi sangre". _____

_____

4. ¿Qué es el pan sin levadura? _____

5. Explique lo que significa "fruto de la vid". _____

_____

6. Explique las varias ideas en cuanto a la comunión abierta o cerrada.

_____

_____

7. ¿Qué quiso decir Pablo con participar indignamente? _____

_____

8. ¿Qué dos cosas debemos hacer para participar con reverencia?

_____

9. ¿Qué evidencias hay en la Biblia y en la historia eclesiástica para participar semanalmente? _____

_____

10. ¿Cuál es la objeción común a la participación semanal? ¿Es valida? ¿Por qué? _____

_____

11. ¿Qué tiene que ver la Cena del Señor con la unidad cristiana?

_____

12. ¿De qué manera se relaciona la Cena del Señor con la segunda venida de Cristo? _____

_____

Tomado de The New Testament in English Derechos reservados por J.B. Phillips, 1958. Usado con permiso de MacMillan Company.

# Capítulo doce

# La iglesia y sus oficiales

*Hechos 1; Efesios 4:11-16; Tito 1:1-11; 1 Timoteo 3; Hechos 6:1-8*

## Oficios temporales

*En el principio.* Al principio la responsabilidad de los asuntos de la iglesia recayó en las manos de hombres escogidos por Jesús; y son conocidos más comúnmente como "los doce". No solamente fueron escogidos por Cristo, sino que fueron designados sus colaboradores inmediatos; él los entrenó por cerca de tres años, y junto con eso les prometió y dio una medida del Espíritu Santo como nunca fue prometido antes ni después de ellos. El bautismo del Espíritu los capacitó para recordar sin error las enseñanzas de Jesús y todas sus obras; y el Espíritu les enseñó todas las demás cosas. Con esta inspiración, fue lógico que fueran los líderes de la iglesia en su principio. No fue sino hasta quince o veinte años después, que se escribió el primer libro del Nuevo Testamento; y pasaron 70 años más hasta que fue escrito el último libro. Sin la palabra escrita para guiar a la iglesia, esta tenía que depender de los hombres dirigidos directa mente por Dios.

*Los Apóstoles.* Llamamos generalmente apóstoles a "los doce" y a Pablo; sin embargo, esta palabra se aplica también a Bernabé, Andrónico, Junias y Jacobo, hermano del Señor. Algunos creen por inferencia que Silas, Timoteo, Apolos y Epafrodito fueron llamados apóstoles (1 Corintios 9:5; 15:7; Gálatas 1:19, 2:9; Romanos 16:7; 1 Tesalonicenses 1:1; 2:6; Filipenses 2:25). La palabra "apóstol" significa solamente "uno que es enviado". Mientras que algunos creen que estos fueron apóstoles en el sentido completo de la palabra; otros consideran que la palabra tiene dos significados, uno general y otro específico. Pudo ser usada para cualquiera que la iglesia enviara como embajador o misionero; pero cuando es usada para Pablo o "los doce" que fueron enviados por Cristo, implica una posición especial de responsabilidad en la iglesia.

*El apóstol número trece.* Hay un problema ocasionado por la muerte de Judas: el número de doce decreció a once. Jesús no escogió a nadie para que llenara la vacante; así que, después de la ascensión, los como 120 discípulos se juntaron para encontrar al sucesor de Judas. Dos candidatos fueron escogidos y, por suertes, Matías fue elegido. Los eruditos no llegan al acuerdo sobre si los discípulos actuaron bajo dirección divina o lo hicieron por cuenta propia. Recordemos que la promesa de inspiración divina no había llegado aún. ¿Actuaron de su propia iniciativa? ¿Sería que Jesús tenía reservado el lugar para Pablo, por eso no escogió a otro? Es posible; pero el que tal evento haya sido grabado en Hechos por el escritor inspirado, Lucas, después de la venida del Espíritu Santo y sin ningún comentario adverso, hace suponer que Dios estuvo de acuerdo con tal decisión.

**Sucesores de los Apóstoles.** La pregunta surge: ¿Quién remplazaría a los apóstoles cuando ellos murieran? El Nuevo Testamento no proporciona medios para buscar nuevos apóstoles, ni da requisitos para ellos, ni señala trabajo que puedan realizar. La primera función de un apóstol era ser testigo de lo que había visto y oído; nadie puede ser sucesor de un testigo. Dios les concedió dones milagrosos, y podían pasarlos a otros. Los que claman ser apóstoles en la actualidad no tienen ninguno de tales atributos; y tenemos la seguridad de afirmar que este oficio fue temporal; y que sólo fue para ayudar a la iglesia en sus primeros años; y una vez que el Nuevo Testamento fue terminado, ya no fueron necesarios.

**Profetas.** Mucho de lo que hemos dicho de los apóstoles puede ser aplicado a los profetas. En un sentido amplio "profeta" es todo personaje que habla en nombre de Dios. El Antiguo Testamento le da este sentido; aunque también tiene otro sentido específico: cuando alguien es escogido por Dios para recibir una revelación particular. Este es el sentido que l e da el Nuevo Testamento. Los profetas en la iglesia primitiva eran poseedores de un conocimiento especial; y como no había revelación escrita, ellos fueron indispensables para el trabajo de la naciente iglesia.

Son pocos los profetas mencionados: Hechos 21:9-11; 13:1-52. Aunque pudo haber muchos más (1 Corintios 12:28, 29; 14:29-32). Cuando el Nuevo Testamento fue terminado y empezó a circular entre las iglesias, el oficio de profeta, en su sentido milagroso, dejó de ser necesario. Este oficio debe ser catalogado como temporal, sin intención de remplazarlo.

## Los servidores

*Diáconos.* Los primeros oficiales elegidos por la iglesia fueron los diáconos. La palabra significa "siervo" o "asistente"; y algunas veces se traduce "ministro"; aunque, es claro que todo cristiano es siervo de Cristo. Pero para otras tareas especiales se buscó a personas especiales que hicieran su trabajo de manera efectiva. En el capítulo 6 de Hechos se encuentra la elección de ciertos hombres que se encargarían de distribuir la comida a los necesitados. Era necesario que los apóstoles se dedicaran a asuntos más importantes y "no dejar la palabra de Dios para servir a las mesas". La oración "buscad, hermanos de entre vosotros" indica que la congregación misma iba a seleccionar a los diáconos; los cuales fueron instalados formalmente por los apóstoles, y éstos iban a supervisarles en sus actividades.

*Los requisitos.* Los requisitos para este oficio se encuentran en Hechos 6 y en 1 Timoteo 3. Debían ser hombres de buen carácter y buena reputación, para que la iglesia no fuera criticada por culpa de ellos; maridos fieles de una sola mujer, no deshonestos, no dados a emborracharse. Ningún cristiano nuevo o novato debía ocupar tan alto cargo. Se cree que el diaconado era una especie de entrenamiento para el puesto de anciano, que es de la más alta responsabilidad en la iglesia. Servir es la máxima tarea de la iglesia: "El que es mayor de vosotros, sea vuestro siervo". Jesús no encontró mejor manera de explicar y cumplir su trabajo que esta: "Porque el Hijo del Hombre no vino para ser servido, sino para servir".

*Diaconisas.* Los eruditos no están de acuerdo en cuanto a las diaconisas. Siendo que la palabra significa "siervo", no tenemos base para asumir que Pablo se refiere a algo más que eso. 1 Timoteo 3:11 lo expone de manera más compleja: "las mujeres asimismo". La versión inglesa dice: "también sus esposas", dando la impresión de que los requisitos no eran sólo para el diácono, sino también para su esposa. Otras traducciones dicen: "También la diaconisa debe ser". El griego dice "Las mujeres también". ¿Qué quiere decir Pablo: "mujeres diáconos" o la esposa del diácono? Ya que sólo hay un versículo que habla de ello, no podemos usarlo para respaldar el oficio de diaconisa; principalmente si tomamos en cuenta 1 Timoteo 2:12.

## Los superintendentes

La necesidad. Cuando el número de las congregaciones creció, fue obvio que los doce apóstoles no podían cuidar de todas ellas; aunado a esto se avecinaba otro problema: el vacío que dejarían los apóstoles cuando murieran; sería necesario, entonces, que alguien se hiciera cargo de los asuntos espirituales de las congregaciones. Los que sirvieron en este alto oficio fueron llamados tanto "ancianos" como "obispos" y "pastores". El término "anciano" fue tomado de las sinagogas judías, donde los ancianos gobernaban. La palabra significa "más viejo", e implica una persona cuya madurez debe ser respetada. La palabra "obispo" significa "supervisor" o "superintendente". La palabra "pastor" significa "el que cuida el rebaño". Es evidente que las congregaciones tenían sus ancianos y diáconos; por lo leído en Filipenses 1:1; 1 Timoteo 3. (Hechos 14:24; 20:17 y Tito 1:5 implican pluralidad de ancianos, NO uno solo, para supervisar una sola congregación.)

*Modo de selección.* Estando bien delineados los requisitos y trabajo, las congregaciones eligieron, al parecer, a sus ancianos y diáconos. La palabra "ordenar" significa "elegir" o "establecer". El modo de elegirlos no está bien claro; y hay los que piensan que el evangelista tiene el privilegio de elegirlos, apoyándose en Tito 1:5. No hay ninguna razón válida ni para creer que una sola persona los elegía, ni que la congregación hacía la elección de ellos. Aunque esta última es la más aceptable que haya efectuado la selección. La palabra "ordenar" de Hechos 15:3 tiene en su raíz el concepto de "levantar las manos en señal de aprobación"; lo cual nos da base para pensar que los ancianos eran elegidos por medio del voto congregacional. Indicio del alto grado de respeto que se debe dar a los ancianos es la amonestación de Pablo en 1 Timoteo 5:19 "Contra un anciano no admitas acusación, sino con dos o tres testigos". Los que llevan este título no deben ser objeto (o blanco) de críticas a la ligera, ni chismes infundados.

*Requisitos y responsabilidades.* ¿Quién debe ocupar tan alto oficio? Cuando estudiamos l Timoteo 3:1-7 y Tito 1:5-9 encontramos una lista de requisitos que deben cumplir tales hombres; la cual puede ser resumida así: Debe tener madurez física, mental, emocional y espiritual; debe ser un hombre de buen carácter, que su vida sea ejemplar y sin reproche; que su hogar sea modelo cristiano de armonía; debe ser experimentado, capaz de juzgar sensatamente los asuntos de la iglesia, disciplinado en mente, cuerpo, emociones y alma; que alimente, como pastor, a la grey de Dios (1 Pedro 5:1-3; Hechos 20:28). Son responsables de lo que se enseña y predica en la iglesia; por tanto, necesitan tener conocimiento profundo de la palabra de Dios, a fin de cumplir con su trabajo.

## Los predicadores

Además de los que sirven y supervisan están los encargados de predicar. A veces comparten con los diáconos el término "ministros". Otras veces comparten con los ancianos el título de "pastores". Y otras veces comparten con los cristianos el término "evangelistas", que significa "el que lleva las buenas nuevas".

*Evangelistas.* Todos los cristianos son evangelistas, porque llevan a otros las buenas nuevas; sin embargo, hay personas cuyo talento o entrenamiento los preparó mejor que a otros para dedicar todo su tiempo a proclamar el evangelio. A veces, eran predicadores que iban de un lugar a otro; otras, se quedaban uno o dos años en una localidad. Pablo se quedó tres años en Éfeso, y dos en Corinto. Pablo recomienda en 1 Corintios 9:1-14 que los que así sirven reciban su pago de los diezmos y ofrendas de la congregación. El pueblo de Israel siempre sostuvo el ministerio de los sacerdotes; y a Pablo no le cabía en la mente que la iglesia no pagara el suyo. Aunque Pablo decidió no recibir ningún salario, aun así, tuvo cuidado de señalar que él tenía el derecho de recibir salario; y que la iglesia no debía esperar que otros se autosostuvieran como él. Sin una familia que mantener, Pablo podía hacer lo que muchos no pueden.

*Pastores.* La palabra "pastor", refiriéndose a la iglesia, aparece en Efesios 4:11. En 1 Pedro 5:2 y Hechos 20:28 se encuentra un verbo derivado de esta palabra que se traduce "apacentar" o "mirar"; el cual es usado para describir el trabajo de los ancianos. Encierra la idea de que un anciano es el que alimenta la grey, la iglesia. 1 Timoteo 5:17, 18 parece indicar también que se puede reclutar obreros de tiempo completo de entre los ancianos; de modo que, a unos predicadores se les puede llamar ancianos o pastores. En la actualidad la palabra "pastor" se aplica exclusivamente a los predicadores; pero en la iglesia primitiva cada congregación reconocía a sus ancianos como "los pastores". Ciertamente, hoy como ayer, el predicador comparte la responsabilidad con los pastores.

*Ministros.* La palabra más usada para describir al predicador, hoy en día, es la que menos se define. Como hemos visto, la palabra "ministro" significa "siervo", la cual pasa a ser "diácono" (del griego *diaconos*). Recordemos que Cristo mismo se aplicó este término cuando dijo: "el Hijo del Hombre no vino para ser servido, sino para servir". Los predicadores han visto en esto la humildad que deben tener los líderes en el reino de Dios. Sin duda que es un término adecuado para uno que sirve como orador en la iglesia. Los requisitos y trabajo de un ministro se encuentran en las cartas a Timoteo y a Tito, pero no hay instrucciones de cómo seleccionarlos.

*El trabajo en general.* Es de notarse que la división de responsabilidades entre ancianos, diáconos y evangelistas satisface todas las necesidades de la iglesia para poder cumplir con su misión; sin embargo, no hay una línea de demarcación de cada responsabilidad; y al no saber dónde empieza y termina una responsabilidad, y dónde las demás, se torna en algo así como un sistema político multipartidista. Todo esto viene a ayudar en las funciones de la iglesia y a preservar la libertad. Ningún hombre o grupo de ellos puede convertirse en dictador de una congregación que ha decidido tomar en serio el plan de organización que se encuentra en la Biblia.

Lo que realmente tenemos en la Biblia es un cuadro de la organización de la iglesia, pero sin decirnos los detalles. Esta flexibilidad permite a la iglesia ajustarse a las necesidades y circunstancias de las diferentes épocas. Tal vez en alguna congregación nueva no haya alguien calificado para ser anciano; y en ese caso, la responsabilidad recae directamente en el ministro o evangelista. Cuando la congregación es atendida por un ministro muy joven, no podrá, tal vez, ser contado como uno de los ancianos. El plan de Dios es flexible, permitiendo diversas soluciones a una situación; siempre y cuando este dentro del plan general de Dios.

*Advertencias de la historia.* No debemos pensar que la organización de la iglesia no es importante, sólo porque no contamos con todos los pormenores de ella. Esto ocasionó el alejamiento de la iglesia Católica Romana. Cuando las congregaciones tuvieron un solo obispo y no varios, y cuando voces ajenas a la congregación local empezaron a manejar sus asuntos, empezó a brotar la semilla de la apostasía. El poder autócrata de la Iglesia Católica continua actualmente como una advertencia de la historia para los que toman a la ligera el plan de Dios.

*Áreas para el juicio humano.* ¿Cuánto tiempo debe servir un anciano? Un diacono, ¿es elegido por un año, dos o toda la vida? ¿Deben tener reuniones de negocios los ancianos solos o con los diáconos; los diáconos solos o con los ancianos? ¿Debe haber juntas regularmente o cuando haya necesidad? ¿Cuánto debe saber la congregación de lo que pasa? Estos y otros detalles se dejan al arbitrio de cada congregación; y son determinaciones tomadas a la luz del sentido común.

*Más allá de la iglesia local.* Estos oficiales tuvieron la responsabilidad de una sola congregación; excepto los evangelistas que servían en varias congregaciones. Más allá de la iglesia local, no se proveyó ningún plan de administración u organización. Es bueno recordar que la iglesia no es una organización sino un organismo viviente, un cuerpo; la congregación es una célula del cuerpo. Cristo es la cabeza, y la Biblia la constitución de la iglesia. La Biblia no dice nada en cuanto a negocios más allá de lo que incumbe a cada congregación local. Los cristianos deben trabajar juntas, tanto como el tiempo, el local y la necesidad lo demanden. Hay mucho lugar para la iniciativa privada y el buen sentido común. Lo malo es que se ha permitido que la cooperación voluntaria sea regida por arreglos complejos, formales y engorrosos que han destruido la libertad cristiana. Las iglesias de principios del Nuevo Testamento eran gobernadas por los apóstoles y las Sagradas Escrituras, y cooperaban de buen corazón en las obras de beneficencia y de evangelización; tenían gobierno local, pero con responsabilidades y hermandad mundiales.

# Preguntas

1. ¿Cuáles son los dos oficios temporales de la iglesia? _____

   _____

2. Mencione otros dos nombres para el oficio de anciano. _____

   _____

3. ¿Qué significan las palabras: "obispo", "anciano", "pastor"? _____

   _____

4. Dé dos posibles traducciones de la palabra "diácono". _____

   _____

5. Explique, ¿de qué manera el predicador de una iglesia es un
   evangelista, un pastor y un ministro? _____

   _____

6. ¿Dónde se encuentran los requisitos para anciano y diácono? _____

   _____

7. ¿De qué manera se beneficia la iglesia con la flexibilidad del plan de
   organización para la iglesia que presenta el Nuevo Testamento?

   _____

   _____

8. ¿Qué hecho histórico sirve de advertencia a los que se salen del plan
   de Dios en cuanto a la organización de la iglesia? _____

   _____

# Capítulo trece

# La iglesia trabajando en el mundo de Dios

*Romanos 12:10-12*

## *Testificando*

**Comisionados.** Citamos la gran comisión de Mateo y Marcos como una costumbre; y aparentemente olvidamos que también la narran Lucas, Juan y Hechos. Ahora, comparémosla: Jesús dice por medio de Lucas 24:27, 28: "Y que se predicase en su nombre el arrepentimiento y el perdón de pecados en todas las naciones, comenzando desde Jerusalén. Y vosotros sois testigos de estas cosas". Juan 15:16 dice: "No me elegisteis vosotros a mí, sino que yo os elegí a vosotros, y os he puesto para que vayáis y llevéis fruto y vuestro fruto permanezca". Juan 20:22, 23 relata que Jesús dijo: "Recibid el Espíritu Santo. A quienes remitiereis los pecados, les son remitidos; y a quienes se los retuviereis, les son retenidos". Y en el último capítulo de Juan, Jesús insiste en "apacienta mis ovejas". Ya sea que consideremos esto como enseñar, predicar o testificar, cada cristiano ha recibido la repetida orden de entrar de lleno al trabajo de la iglesia. Jesús resumió la orden en Hechos 1:8: "Y me seréis testigos en Jerusalén, en toda Judea, en Samaria y hasta lo último de la Tierra".

**Llenos de poder.** Los primeros testigos fueron llenos de poder con una medida especial del Espíritu Santo (Juan 14:16-18; 16:13; Hechos 1:7, 8). Esta manifestación milagrosa de poder continuó por algunos años (Romanos 12:5-8; 1 Corintios 12:1-11). Durante este tiempo no todos los cristianos poseían estos dones milagrosos; como tampoco los poseemos los cristianos de la actualidad. Esto no quiere decir que no existía ningún poder en ellos o en nosotros; pues el evangelio posee poder en sí: "Es poder de Dios para salvación" como lo dijo Pablo. En cualquier tiempo y circunstancia en que la iglesia ha predicado el evangelio, se ha sentido el poder de Dios. El evangelio no se ha manifestado siempre con señales de poder en la vida de los hombres; como tampoco el poder humano se ha manifestado siempre con ruido y fanfarrias. Una raíz que perfora el concreto efectúa un trabajo silencioso, pero de fuerza irresistible. El poder de Dios está obrando siempre a través del evangelio, ya sea que notemos o no su impacto.

*Canal de revelación.* Dios espera que la iglesia lleve las buenas nuevas de redención a todos los hombres. Dios espera comunicar su revelación a través de su iglesia: "Para que la multiforme sabiduría de Dios sea ahora dada a conocer por media de la iglesia" (Efesios 3:10). Este será el trabajo de la iglesia hasta que Cristo venga: Testificar a cada generación las verdades que Dios ha revelado por Cristo Jesús.

## Unidos

*La oración de Cristo.* Sabiendo las responsabilidades que recaerían sobre sus discípulos y la persecución que se les avecinaba, Jesús oró fervientemente que "sean uno". Desde antes que naciera la iglesia, Jesús ya estaba preocupado porque no fuera a dividirse. Esta oración se halla en Juan 17; y puede ser llamada en verdad "la oración del Señor"; y fue en el camino al Getsemaní cuando hizo esta petición. Él anhelaba que hubiera una unidad entre sus seguidores tan reales e íntimos como la que él tenía con el Padre. ¿Por qué se preocupaba tanto el Señor por la unidad? "Para que el mundo crea", fue la respuesta de Jesús. Cada generación debiera hacer sus mejores esfuerzos para lograr la unidad de todos los cristianos. El hombre nunca debe buscar la unión de los seguidores de Cristo por ambición, orgullo o deseo de poder; sino que debe luchar solamente por una iglesia unida a fin de ganar al mundo perdido.

*La petición de Pablo.* Los temores de Cristo, de que sus seguidores se dividieran, no eran injustificados. Y Pablo vio necesario escribir a los hermanos en Corinto, censurando sus divisiones, a sólo 30 años de la muerte y resurrección de Cristo. Su elocuente acusación encontrada en el primer capítulo de su primera carta a los corintios indica que una unión física no es suficiente; y les demanda que no haya divisiones y que todos tengan una misma mente. Al mismo tiempo relaciona la unidad con la predicación del evangelio a los perdidos. Dice que sí la cruz es, ya de por sí, una piedra de tropiezo, con mayor razón lo será si es predicada por una iglesia dividida.

## Crecimiento

*En los tiempos del Nuevo Testamento.* ¿Qué tan literal debemos tomar lo dicho por Pablo en Colosenses 1:6: "Que ha llegado hasta vosotros, así como a todo el mundo, y lleva fruto y crece también en vosotros"? Con certeza la iglesia crecía rápidamente; aunque podemos asegurar que la expresión "todo el mundo" debe limitarse al mundo conocido entonces; sin embargo, esta declaración es interesante. Tal como Cristo lo planeó, los cristianos eran como levadura, y su fe se había extendido como fuego por el imperio romano. Al principio el gobierno romano se había opuesto duramente a la nueva fe, y había tratado de acabar con ella; y sus aliados en esa empresa eran judíos que consideraban que el cristianismo era una herejía salida del judaísmo. Muy pronto, se hizo obvio que el cristianismo había nacido para permanecer. Todas las persecuciones de Roma cesaron para el año 313 d.C.; y no pasó mucho tiempo para que Constantino concediera privilegios especiales a la iglesia.

¡En menos de 300 años la iglesia había conquistado el imperio romano! Este reconocimiento por parte de Roma fue una bendición a medias; pues con el cese de las persecuciones y la oposición se vino el letargo, la satisfacción y el considerarse justos. La iglesia había conquistado Roma, pero la misma iglesia estaba a punto de ser arrastrada en la avalancha del poder y la popularidad.

## Cambios

*Declinación.* La iglesia creció en popularidad y decreció en pureza. La persecución había mantenido a los hipócritas fuera de la iglesia; y ahora ésta se estaba convirtiendo en el medio para conseguir ganancia personal y poder. Cuando la iglesia alcanzó a poder político, perdió su poder espiritual. No pasaron muchos años antes que la iglesia fuera casi irreconocible. Su gobierno local simple fue sustituido por una compleja jerarquía encabezada por el papa de Roma. El sistema político que tanto éxito tuvo con el gobierno de Roma fue adoptado por la iglesia. El hombre ya no buscó ayuda en las memorias de los apóstoles o en los libros sagrados del Nuevo Testamento; sino que buscó la dirección de obispos y arzobispos. Las grandes instituciones del bautismo y la Cena del Señor sufrieron enormes cambios. La iglesia que entró en la Edad del Oscurantismo era tan diferente de la iglesia nacida en el día de Pentecostés.

*Oscuridad.* Siendo que la palabra de Dios escrita era la guía para la iglesia, los iletrados no podían ver las faltas de la iglesia. Durante ese largo periodo de la historia solo algunos pocos podían leer y escribir, y las copias de la Biblia eran raras y muy costosas. Todo esto se convirtió en excelente oportunidad para que los amantes del poder lograran colocarse en puestos de autoridad. ¡Qué gran oportunidad para que Satanás lograra una victoria sobre Cristo y su iglesia! Es cierto que durante la Edad Media muchos grupúsculos de cristianos trataron de luchar contra la marea de inmoralidad de la iglesia y se aferraron a los principios y prácticas bíblicas; sin embargo, su número era muy reducido y su influencia poca. ¡Qué terrible fue la oscuridad de esos días para la iglesia de Jesucristo!

*División.* Por fin un nuevo amanecer arribó, la Edad Oscura terminó y muchos pudieron leer la palabra de Dios. La invención de la imprenta hizo que la biblia fuera más accesible para todos. Reformadores como Martín Lutero pudieron ver los errores de la Iglesia Romana, y alzaron su voz contra ella. Por todo Europa se levantaron personajes ilustres, influyentes e importantes que invitaron a que los hombres regresaran a la palabra de Dios; y muy pronto, cada país de Europa tuvo sus propios reformadores. Para contratacar el crecimiento de estos grupos protestantes, la Iglesia Católica inició su propia reforma. Desafortunadamente, como los reformadores estaban separados entre sí por barreras geográficas y lingüísticas; esto ocasionó en muchos casos que los protestantes se organizaron en iglesias pagadas por el estado; lo cual, a su vez, provocó una gran división entre ellos. Los reformadores dieron nueva vida a la iglesia, pero su obra termino en una iglesia tristemente dividida y muy debilitada.

*Restauración.* Los efectos de las divisiones se sintieron en Europa, pero los resultados fueron más severos en el Nuevo Mundo. A América vinieron hombres de todo Europa. La nueva tierra fue la olla donde se mezclaron las diferentes nacionalidades, y también fue el caldero donde hirvió toda la controversia religiosa. Europa conocía las disensiones religiosas y las divisiones entre los cristianos, era como una plaga; pero en América todo esto se acrecentó y se vio claramente la necesidad de considerar de nuevo la oración del Señor.

Fue en América donde nació un movimiento para unir a todos los creyentes en Cristo. Las raíces del movimiento estaban en Escocia, pero fue en América donde obtuvo fuerzas para ser oído. En la costa atlántica los hombres clamaron por una iglesia unida, una iglesia que conociera de nuevo el poder del testimonio de las Escrituras mostrado en la unidad. Principiando en el valle del río Ohio, este movimiento se extendió a todas partes; y en cien años se convirtió en el grupo religioso que más rápidamente creció. Y es aún el mayor grupo con raíces en América.

## Historia y destino

*El libro de Apocalipsis.* Podría parecer que mucho de lo dicho en el presente capítulo no debiera aparecer en ningún libro de la iglesia del Nuevo Testamento. ¿Tal estudio no debiera terminar donde termina el libro de Hechos? No, porque Dios reveló en el Nuevo Testamento la historia de la iglesia y su destino final. El libro de Apocalipsis da una crónica de los eventos que hemos considerado brevemente aquí, y señala el destino eterno de la iglesia.

Aunque muchas veces los estudiosos de la Biblia se encuentran confusos al estudiar Apocalipsis, no por eso debemos dejar de estudiarlo; pero sí debemos evitar la tentación de ser tan dogmáticos al asegurar que un símbolo equis se refiere a un cierto evento, personaje o institución. Con todo, Apocalipsis nos presenta un bosquejo vasto de la historia de la iglesia; y su forma de presentarlo es vago por necesidad. ¿Está escrito en código simbólico? ¿Es un drama estilizado de la iglesia? ¿Cuándo debemos considerarlo literalmente?

Sin importar las respuestas que se den a estas preguntas, el estudiante honesto y cuidadoso de Apocalipsis no puede pasar por alto el bosquejo de una iglesia que pasa por muchas pruebas, y que, al fin sale victoriosa.

*El regreso del esposo.* La dramática historia del último libro de la Biblia alcanza su clímax en el capítulo 19: "Gocémonos y alegrémonos y démosle gloria; porque han llegado las bodas del Cordero, y su esposa se ha preparado. Y a ella se le ha concedido que se vista de lino fino, limpio y resplandeciente; porque el lino fino es las acciones justas de los santos. Y el ángel me dijo: Escribe: Bienaventurados los que son llamados a la cena de las bodas del Cordero. Y me dijo: Estas son palabras verdaderas de Dios" (Apocalipsis 19:7-9).

Un destino glorioso le espera a la iglesia. Todos los reinos serán de Cristo; acabará con todos sus opositores y reinará por la eternidad; y con él su iglesia, la esposa, la iglesia del Dios Viviente.

## Mientras tanto

*El trabajo continúa.* La iglesia no puede sentarse calmadamente a esperar que Dios termine su trabajo en la historia humana. No hay duda de que Dios quiere usar al hombre como instrumento para ver logrados sus objetivos en la iglesia. El gran trabajo fue comenzado por los cristianos del primer siglo; y así continuó noblemente a través de los siglos; y ahora, toca a nuestra generación sacarla avante.

Para todo el que sirve a Cristo hay malos momentos y desánimos; y a pesar de ello, el conocimiento de la victoria nos ayudará a que nuestra determinación y entusiasmo se mantengan en alto.

*La principal tarea.* La primera labor de la iglesia es dar testimonio de las grandes obras de Dios, la predicación del evangelio es su meta principal. Aunque la iglesia debe actuar en muchos otros campos, ninguna actividad la debe apartar de su principal tarea. La predicación debe ser vista de manera tanto informal como formal. La Biblia da gran importancia a la predicación pública de las buenas nuevas; e igualmente efectivo es el testimonio "de casa en casa". La iglesia está de lleno en el negocio de la comunicación; pues tiene un mensaje que entregar y una historia que publicar, y la iglesia nada ha tenido que ver con su creación. Otros nos lo entregaron; y nosotros debemos entregarlo a otros donde tengamos influencia. Dios se reveló al hombre en Cristo Jesús, su Hijo, a través de la Biblia, su Palabra. Comunicar esta verdad a toda persona es el trabajo de la iglesia y de cada uno de sus miembros.

***Metas adicionales.*** La iglesia debe estar interesada en todo lo que ayude a mejorar la condición humana. Ninguna iglesia que toma en serio las palabras de Jesús puede ignorar a los necesitados, los huérfanos y los hambrientos. Se les debe ayudar, no sólo para que el mundo nos reconozca, sino por la compasión que debe haber en nuestro corazón. Las asociaciones de beneficencia pública existen sólo porque la iglesia ha fracasado a este respecto.

La acción social es también un área que la iglesia debe atender. Lo que el hombre y las naciones hacen en cuanto a los problemas raciales, económicos y educativos reflejan el grado de conocimiento que tienen de Cristo. La iglesia debe hacer sentir su influencia en estas áreas. El cómo se debe hacer encierra algunos problemas; pero deberá hacerse enfatizando las ideas de libertad y justicia que encontramos en la Biblia. La iglesia debe presentar al mundo una idea clara de lo que debe hacerse, y darle las respuestas que el conocimiento de Cristo nos ha dado; pero se debe cuidar de que la iglesia no vaya a convertirse en un grupo de presión, inmiscuido en la política. Dios quiere que seamos como la levadura y que influyamos en la sociedad.

***Los medios que usar.*** ¿Como puede la iglesia alcanzar estas metas? Primero, es necesario que cada miembro acepte su responsabilidad. Los miembros tendrán que dar, testificar y servir; tendrán que proveer ellos mismos los fondos para educación, benevolencia y misiones, y, además, proporcionar el material humano (o sea buscar los talentos de sus miembros). Todo cristiano debiera testificar en su trabajo, a sus vecinos y amigos. Cada banca debe ser un púlpito y cada hogar un centro de evangelización. Cuando cada miembro haga su parte, y sólo cuando eso suceda, esta obra será cumplida.

Es esencial que todo miembro trabaje, pero hay partes que sólo la congregación puede cumplir. Así que todo miembro debe trabajar tanto en lo individual como en grupo; pues a través de su congregación local podrá encauzar su talento y recursos a una meta definida y concreta. Los miembros son fuente de ánimo mutuo y edificación. Es más fácil hacer las cosas de la iglesia en grupo que hacerlas individualmente.

Hay un área de necesidad mucho más amplia: cuando las congregaciones se preocupan por formar instituciones para educación más alta, asilos para ancianos, casas para huérfanos, hospitales, centros misioneros, etc., es cuando las congregaciones deben trabajar juntas. Algunas congregaciones no son lo suficientemente poderosas para esta obra gigantesca; por eso se necesita la cooperación entre congregaciones, pero cuidando que cada congregación conserve su autoridad y autonomía locales.

*Mi lugar en el trabajo de la iglesia.* Cada hijo de Dios debiera preguntarse: "¿cuál es mi lugar en el trabajo de la iglesia?" Y debe contestarse pensando en el área donde tiene más habilidad, tiempo, energía y los bienes que Dios le ha dado. Muchos piensan que pueden hacer poco, pero se equivocan; pues la persona que no tiene nada que ofrecer sino su persona puede dar más de lo piensa. Talentos, liderazgo, enseñanza, canto, servicio pueden ser encauzados hacia Dios por la iglesia. Es una pregunta que debemos contestar después de orar. Si la iglesia va a ser lo que Dios quiere que sea, cada miembro debe imitar el ejemplo de Cristo, que hizo bienes y estuvo ocupado en los negocios de su Padre.

# Preguntas

1. ¿En cuántos evangelios se encuentra la gran comisión de Cristo para sus seguidores? _____

2. ¿A quién debe testificar la iglesia? _____

3. ¿Por qué oró Jesús que sus discípulos permanecieran unidos? _____

   _____

4. ¿Qué cambios sufrió la iglesia al terminar las persecuciones en el año 313?_____

   _____

5. Describa la iglesia de la Edad Media. _____

   _____

6. ¿Por qué el trabajo de los reformadores terminó en un protestantismo dividido? _____

   _____

7. ¿Dónde se sintió más la división? ¿Por qué? _____

   _____

8. Describa brevemente los principios del movimiento de restauración. ¿Qué cosa motivó a los líderes? _____

   _____

9. ¿Cuál es el destino de la iglesia? _____

   _____

10. ¿Cuál es la tarea principal de la iglesia? _____

    _____

11. ¿Qué tres áreas de esfuerzo son necesarias para cumplir con esta tarea? _____

    _____

www.ingramcontent.com/pod-product-compliance
Lightning Source LLC
Chambersburg PA
CBHW020955030426

42339CB00005B/105